中国国情调研丛书
村庄卷
China's national conditions survey Series

Vol. Villages

中国国情调研丛书·村庄卷
China's National Conditions Survey Series · Vol. Villages

主编 蔡昉
张晓山

东风村调查
——农村电子商务的"沙集模式"

The Shaji Model of
E-Commerce in China's Rural Area:
Survey in Dongfeng Village of Jiangsu Province

叶秀敏　汪向东 著

中国社会科学出版社

图书在版编目(CIP)数据

东风村调查：农村电子商务的"沙集模式"/叶秀敏，
汪向东著. —北京：中国社会科学出版社，2016.3
ISBN 978 - 7 - 5161 - 7124 - 0

Ⅰ.①东⋯　Ⅱ.①叶⋯　②汪⋯　Ⅲ.①农村—电子
商务—研究—中国　Ⅳ.①F713.36

中国版本图书馆 CIP 数据核字(2015)第 283338 号

出 版 人	赵剑英	
责任编辑	任　明	
责任校对	韩天炜	
责任印制	何　艳	

出　　版	中国社会科学出版社	
社　　址	北京鼓楼西大街甲 158 号	
邮　　编	100720	
网　　址	http://www.csspw.cn	
发 行 部	010 - 84083685	
门 市 部	010 - 84029450	
经　　销	新华书店及其他书店	

印刷装订	北京兴怀印刷厂	
版　　次	2016 年 3 月第 1 版	
印　　次	2016 年 3 月第 1 次印刷	

开　　本	710×1000　1/16	
印　　张	13.25	
插　　页	2	
字　　数	166 千字	
定　　价	48.00 元	

凡购买中国社会科学出版社图书，如有质量问题请与本社营销中心联系调换
电话：010 - 84083683

信息网络时代我国农村发展新路

——"沙集模式"*

　　本研究得到了中国社科院国情调研项目和阿里巴巴集团的资助。中国社科院信息化研究中心和阿里巴巴集团研究中心联合组队对沙集进行了考察，并发布了研究报告。较之调研报告，本书增加了问卷调查的大量数据和案例，加进了许多后续回访与跟踪研究的内容。执笔：叶秀敏、汪向东。姜奇平、梁春晓、盛振中贡献了重要观点，书中也吸纳了周红、张才明、林茜、周海琴等调研组的同事们的思想。感谢当地党政领导、广大网商和各方人士的合作。

总　序

　　为了贯彻党中央的指示，充分发挥中国社会科学院思想库和智囊团作用，进一步推进理论创新，提高哲学社会科学研究水平，2006 年中国社会科学院开始实施"国情调研"项目。

　　改革开放以来，尤其是经历了近 30 年的改革开放进程，我国已经进入了一个新的历史时期，我国的国情发生了很大变化。从经济国情角度看，伴随着市场化改革的深入和工业化进程的推进，我国经济实现了连续近 30 年的高速增长。我国已经具有庞大的经济总量，整体经济实力显著增强，到 2006 年，我国国内生产总值达到了 209407 亿元，约合 2.67 亿美元，列世界第四位；我国经济结构也得到优化，产业结构不断升级，第一产业产值的比重从 1978 年的 27.9% 下降到 2006 年的 11.8%，第三产业产值的比重从 1978 年的 24.2% 上升到 2006 年的 39.5%；2006 年，我国实际利用外资为 630.21 亿美元，列世界第四位，进出口总额达 1.76 亿美元，列世界第三位；我国人民生活水平不断改善，城市化水平不断提升。2006 年，我国城镇居民家庭人均可支配收入从 1978 年的 343.4 元上升到 11759 元，恩格尔系数从 57.5% 下降到 35.8%，农村居民家庭人均纯收入从 133.6 元上升到 3587 元，恩格尔系数从 67.7% 下降到 43%，人口城市化率从 1978 年的 17.92% 上升到

2006 年的 43.9% 以上。经济的高速发展，必然引起国情的变化。我们的研究表明，我国的经济国情已经逐渐从一个农业经济大国转变为一个工业经济大国。但是，这只是从总体上对我国经济国情的分析判断，还缺少对我国经济国情变化分析的微观基础。这需要对我国基层单位进行详细的分析研究。实际上，深入基层进行调查研究，坚持理论与实际相结合，由此制定和执行正确的路线方针政策，是我们党领导革命、建设与改革的基本经验和基本工作方法。进行国情调研，也必须深入基层，只有深入基层，才能真正了解我国国情。

为此，中国社会科学院经济学部组织了针对我国企业、乡镇和村庄三类基层单位的国情调研活动。据国家统计局的最近一次普查，到 2005年底，我国有国营农场 0.19 万家，国有以及规模以上非国有工业企业27.18 万家，建筑业企业 5.88 万家；乡政府 1.66 万个，镇政府 1.89 万个，村民委员会 64.01 万个。这些基层单位是我国社会经济的细胞，是我国经济运行和社会进步的基础。要真正了解我国国情，必须对这些基层单位的构成要素、体制结构、运行机制以及生存发展状况进行深入的调查研究。

在国情调研的具体组织方面，中国社会科学院经济学部组织的调研由我牵头，第一期安排了三个大的长期的调研项目，分别是"中国企业调研"、"中国乡镇调研"和"中国村庄调研"。"中国乡镇调研"由刘树成同志和吴太昌同志具体负责，"中国村庄调研"由张晓山同志和蔡昉同志具体负责，"中国企业调研"由我和黄群慧同志具体负责。第一期项目时间为三年（2006—2008 年），每个项目至少选择 30 个调研对象。经过一年多的调查研究，这些调研活动已经取得了初步成果，分别形成了《中国国情调研丛书·企业卷》、《中国国情调研丛书·乡镇卷》和《中国国情调研丛书·村庄卷》。今后这三个国情调研项目的调研成果，还会陆续收录到这三卷书中。我们期望，通过《中国国情调研丛书

·企业卷》、《中国国情调研丛书·乡镇卷》和《中国国情调研丛书·村庄卷》这三卷书，能够在一定程度上反映和描述在 21 世纪初期工业化、市场化、国际化和信息化的背景下，我国企业、乡镇和村庄的发展变化。

国情调研是一个需要不断进行的过程，以后我们还会在第一期国情调研项目基础上将这三个国情调研项目滚动开展下去，全面持续地反映我国基层单位的发展变化，为国家的科学决策服务，为提高科研水平服务，为社会科学理论创新服务。《中国国情调研丛书·企业卷》、《中国国情调研丛书·乡镇卷》和《中国国情调研丛书·村庄卷》这三卷书也会在此基础上不断丰富和完善。

陈佳贵

2007 年 9 月

编 者 的 话

2006 年中国社会科学院开始启动和实施"国情调研"项目。中国社会科学院经济学部组织的调研第一期安排了三个大的长期调研项目，分别是"中国企业调研"，"中国乡镇调研"和"中国村庄调研"。第一期项目时间为三年（2006—2008 年），每个项目至少选择 30 个调研对象。

经济学部国情调研的村庄调研工作由农村发展研究所和人口与劳动经济研究所牵头，负责组织协调和从事一些基础性工作。农发所张晓山同志和人口与劳动经济研究所的蔡昉同志总体负责，工作小组设在农发所科研处，项目资金由农发所财务统一管理。第一期项目（2006—2008年）共选择 30 个村庄作为调研对象。2010 年，在第一期国情调研村庄项目的基础上，中国社会科学院经济学部又组织开展了第二期国情调研村庄项目。第二期项目时间仍为三年（2010—2012 年），仍选择 30 个村庄作为调研对象。

农发所、人口与劳动经济研究所以及中国社会科学院其他所的科研人员过去做了很多村庄调查，但是像这次这样在一个统一的框架下，大规模、多点、多时期的调查还是很少见的。此次村庄调查的目的是以我国东中西部不同类型、社会经济发展各异的村庄为调查对象，对每个所调查的村庄撰写一部独立的书稿。通过问卷调查、深度访谈、查阅村情历史资料等田野式调查方法，详尽反映村庄的农业生产、农村经济运行和农民生活的基本状况及其变化趋势、农村生产要素的配置效率及其变化、乡村治理的现状与变化趋势、农村剩余劳动力转移的现状与趋势、农村社会发展状况等问题。调研成果一方面旨在为更加深入地进行中国农村研究积累村情案例资料和数据库，另一方面旨在真实准确地反映30多年来中国农村经济变迁的深刻变化及存在的问题，为国家制定科学的农村发展战略决策提供更有效的服务。

为了圆满地完成调查，达到系统翔实地掌握农村基层经济社会数据的预定目标，工作小组做了大量的工作，包括项目选择、时间安排、问卷设计和调整、经费管理等各个方面。调查内容包括"规定动作"和"自选动作"两部分，前者指各个课题组必须进行的基础性调查，这是今后进行比较研究和共享数据资源的基础；后者指各个课题组从自身研究兴趣偏好出发，在基础性调查之外进行的村庄专题研究。

使用统一的问卷，完成对一定数量农户的问卷调查和对调查村的问卷是基础性调查的主要内容，也是确保村庄调查在统一框架下开展、实现系统收集农村基本经济社会信息的主要途径。作为前期准备工作中最重要的组成部分之一，问卷设计的质量直接影响到后期分析和项目整体目标的实现。为此，2006年8月初，农发所组织所里各方面专家设计出调查问卷的初稿，包括村调查问卷、调查村农户问卷等。其中，村问卷是针对调查村情况的详细调查，涉及村基本特征、土地情况、经济活动情况、社区基础设施与社会服务供给情况等十三大类近500个指标；农户问卷是对抽样农户详细情况的调查，涉及农户人口与就业信息、农户财产拥有与生活质量状况、教育、医疗及社会保障状况等九大类，也有近500个指标。按照计划，抽样方法是村总户数在500户以上的抽取45户，500户以下的抽取30户。抽样方法是首先将全村农户按经济收入水平分为好、中、差三等分，然后在三组间平均分配抽取农户的数量，各组内随机抽取。问卷设计过程中，既考虑到与第二次农业普查数据对比的需要，又汲取了所内科研人员和其他兄弟所科研人员多年来的村庄调查经验，并紧密结合当前新农村建设中显露出来的热点问题和重点问题。问卷初稿设计出来之后，农发所和人口与劳动经济研究所的科研人员共同讨论修改，此后又就其中的每个细节与各课题组进行了集体或单独的讨论，历时半年，经过四五次较大修改之后，才定稿印刷，作为第一期村庄调研项目统一的农户基础问卷。

在第二期村庄调研项目启动之前，根据第一期调研中反映出来的问题，工作小组对村和农户问卷进行了修订，以便更好地适应实际调研工作的需要。今后，还将随着农村社会经济形势的发展，本着"大稳定、小调整"的原则，对问卷内容继续进行修订和完善。

在项目资金方面，由于实行统一的财务管理，农发所财务工作的负担相对提高，同时也增加了管理的难度，工作小组也就此做了许多协调工作，保障了各分课题的顺利开展。

到 2010 年 7 月为止，第一期 30 个村庄调研已经结项 23 个；每个村庄调研形成一本独立的书稿，现已经完成 11 部书稿，正在付梓印刷的有 5 部。第一期村庄调查形成的数据库已经收入 22 个村 1042 户的基础数据。

国情调研村庄调查形成的数据库是各子课题组成员共同努力的成果。对数据库的使用，我们有以下规定：（1）数据库知识产权归集体所有。各子课题组及其成员，服务于子课题研究需要，可共享使用数据资料，并须在相关成果关于数据来源的说明中，统一注明"中国社会科学院国情调研村庄调查项目数据库"。（2）为保护被调查人的权益，对数据库所有资料的使用应仅限于学术研究，不得用于商业及其他用途；也不得以任何形式传播、泄露受访者的信息和隐私。（3）为保护课题组成员的集体知识产权和劳动成果，未经国情调研村庄调查项目总负责人的同意和授权，任何人不得私自将数据库向课题组以外人员传播和应用。

国情调研是中国社会科学院开展的一项重大战略任务。其中村庄调研是国情调研的重要组成部分。在开展调研四年之后，我们回顾这项工作，感到对所选定村的入户调查如只进行一年，其重要性还显现得不够充分。如果在村调研经费中能拨出一部分专项经费用于跟踪调查，由参与调研的人员在调研过程中在当地物色相对稳定、素质较高、较认真负责的兼职调查员，在对这些人进行培训之后，请这些人在此后的年份按照村问卷和农户问卷对调查村和原有的被调查的农户开展跟踪调查，完成问卷的填写。坚持数年之后，这个数据库将更具价值。

在进行村调研的过程中，也可以考虑物色一些有代表性的村庄，与之建立长远的合作关系，使它们成为中国社会科学院的村级调研基地。

衷心希望读者对村庄调研工作提出宝贵意见。也希望参与过村庄调研的同志能与大家分享他们的经验，提出改进工作的建议。让我们共同努力，把这项工作做得更好。

编者　2010 年 7 月 28 日

目 录

图 表 目 录

第一章　本调研项目的由来

中国社科院自 2006 年开始实施国情调研项目。国情调研项目安排了三个系列的长期调研课题，分别是中国企业调研、中国乡镇调研和中国村庄调研。村庄调研的目的一方面是为更加深入地进行中国农村研究积累资料，另一方面旨在真实反映 30 多年来中国农村经济社会的深刻变化和遗留的问题，为国家制定科学的农村发展战略决策提供更有效的支持。这次村庄调查，选择我国不同地域、不同类型，经济社会发展各有差异的村庄作为调查对象，通过问卷调查、深度访谈、查阅资料等调查方法，来全面反映村庄生产、经济运行和农民生活的基本状况和变化趋势。村庄调研第一期选择三所村庄作为调研对象，时间是 2006～2009 年。第二期于 2010 年启动，在第一期的基础上又选择三所村庄。

2010 年初，沙集农民开网店创业致富的介绍屡屡见诸报端，这引起了中国社科院信息化研究中心的关注。恰在此时，中国社科院"国情调研"项目推出"中国村庄调研"子项目。在社科院信息化研究中心的努力下，"沙集模式"调研项目被正式列入"村庄调研"之中。

2010 年 10 月 9 日，由中国社会科学院信息化研究中心与阿里巴巴集团研究中心联合成立的调查组，对沙集镇农民开网店的情况进行了为期一周的第一轮深入调查。在后续的研究期间，课题组主要成员多次到沙集镇回访调查，其中课题组负责人汪向东主任在半年的时间里，先后五次访问沙集镇，取得了非常丰富的一手资料。调查组采取问卷调查、实地考察访问、案例研究和比较研究等多种方法开展研究。其中，抽样调查既包括了村庄的基础性调查，又包括网络销售业的专项调查。

本项目旨在由点到面地研究我国农村电子商务发展的一些规律性问题，通过精心选择农村电子商务的典型案例，开展实地考察，进行细致入微的个案研究，去分析现阶段农村电子商务发展的动力机制、市场生态、演化状况和发展趋势，以期得出一些带有一般性的理论认识和政策观点，以指导农村地区开展电子商务应用。

此次课题组选择的调研点，是江苏省睢宁县沙集镇。调研中，我们对"沙集现象"的发源地东风村给予了更多的关注，同时，也将调研的触角扩展到构成沙集网商生态的东风村之外的相关因素，并将周边其他村网商的发展也纳入了我们的调研视野之中。

一　研究背景

1. 解决"三农"问题仍然是我国经济社会发展战略的重中之重

"三农"问题特指农业、农村、农民这三个问题。农业问题，主要是农业产业化的问题，包括农业的购销体制不畅、农产品卖不出去或价格过低，这些问题制约我国农业不能快速发展。农村问题，突出表现是城乡二元分割，这也导致了城乡之间经济发展、文化水平的较大差异，而解决农村问题的关键是安置和疏导农村剩余劳动力。农民问题，主要是提高农民素质和增加农民收入两个问题，而提高农民收入则需加快乡镇企业发展和小城镇建设，为农民创造更多的就业和增收机会。"三农"问题积攒的历史周期长，尤其在我国当前条件下，农业是弱质产业，农村人口众多并且农民又是市场主体中的弱势群体，解决"三农"问题难度无疑十分巨大。

中国作为一个农业大国，"三农"问题关系到国民素质、经济发展、人民幸福、社会稳定、国家富强。政府一直高度重视"三农"问题，连续7年的中央1号文件都聚焦于"三农"问题。2010年中央1号文件明确提出农村工作的总体要求是："把统筹城乡发展作为全面建设小康社会的根本要求，把改善农村民生作为调整国民收入分配格局的重要内容，……把发展现代农业作为转变经济发展方式的重大任务。"在发展模式方面，文件提出要"着力提高农业生产经营组织化程度。推动家庭经营向采用先进科技和生产手段的方向转变，推动统一经营向发展农户联合与合作，形成多元化、多层次、多形式经营服务体系的方向转变"。中央1号文件还给出了支持农业发展的具体方向："扶持农民专业合作社自办农产品加工企业"，内涵丰富，意义深远。

在互联网高速发展和日益普及的今天，如何突破原有传统思路，通过利用先进科技和生产力解决"三农"问题，探索树立一批可学可比的成功典型，发挥示范引导作用，是产业界和学界的当务之急。

2. "十二五"规划将更加强调"三个转型"、"民富"和"包容性增长"

在刚刚结束的十七届五中全会获知，"十二五"规划将开启经济与社会的双重转型，以转变发展方式和调整经济结构为主线，部署中国经济社会从外需向内需、从高碳向低碳、从强国向富民的三大转型①。

"十二五"规划将从追求国富转型到强调"民富",尤其是"包容性增长"的提出,对促进社会公平正义、缩小贫富、区域差距,提高国家发展潜力的意义重大。"民富"目标的提出,充分表明了保障和改善民生在我国经济社会发展中的核心地位,未来的发展将更加强调以人为本、社会公平和共同进步的社会理念。"包容性增长"将"让更多的人享受全球化成果、让弱势群体得到保护、在经济增长过程中保持平衡"②。在刚刚通过的《中共中央关于制定国民经济和社会发展第十二个五年规划的建议》中明确指出,要扭转城乡收入差距扩大趋势。"民富"和"包容性增长"的提出和逐步落实,更清晰地体现了进行社会主义建设就是不断满足人民群众日益增长的物质文化需要,让全体人民过上幸福生活的最终目标。

3. 新商业文明已经浮现

21世纪将是人类商业经济迅猛发展的新高潮期,尤其我国在改革开放后,商品经济取得了飞速发展,GDP连年高速增长。全国商品市场总体上实现了从小到大、从量变到质变、从内贸型向国际化的转变。然而商业繁荣背后,也出现了众多不和谐之音:诚信缺失、能源浪费、环境污染、贪污受贿、尔虞我诈、假冒伪劣、缺乏社会责任感、不正当竞争,等等。面对传统商业文明的弊病,社会的前进与和谐发展呼唤构筑新的商业文明。庆幸的是,信息时代的来临为构筑新商业文明提供了契机和基础条件。计算机和现代通信技术创新,推动了社会的进步。互联网的普及,进一步改变了传统商业模式和游戏规则。电子

---

① 新浪网:《官员透露十二五规划从追求国富转型到强调民富》,http://finance.sina.com.cn/g/20101016/07028789977.shtml,2010年10月16日。

② 胡锦涛:《推动包容性增长　实现经济社会协调发展》,http://news.sina.com.cn/c/2010 - 09 - 16/120521114999.shtml,2010年9月16日。

商务的出现，不但拓宽了销售范围、减少了交易成本和周期，而且规避了信息的不对称性，使交易双方的信用更容易得到保障。电子商务促使传统商业更"诚信"、更"透明"、更"有责任"和更"全球化"。在商业基础领域，数据核心化进程加速，云计算和泛在网将成为信息时代的商业基础设施，推动商业计算实现快速响应、按需取用和普遍服务。在企业组织方面，企业内部将走向扁平化与透明化，企业与市场的边界越来越模糊，企业与社会的关系将越来越融洽。在商业模式方面，以消费者为导向的个性化定制将日益主流化。在企业竞合方面，协同、共赢的商业生态系统逐步形成。在社会结构方面，社会分工、就业模式、生活方式将因新商业文明而巨变。越来越多社会成员的工作、生活、消费与学习将走向一体化。在治理规则方面，内生性、协调性和能动性将成为网络世界治理的主要特征。

网商、网货、网规是构成新商业文明的三大要素。其中，网商是新商业文明的主体，网货是客体，网规是主体之间的关系。目前，在我国的4.2亿网民中，已经有1.42亿网购消费者。截至2010年6月底，我国网商规模已经达到7700万个[①]。仅2010年上半年，我国电子商务整体交易规模就达到2.1万亿元；其中，中小企业B2B电子商务交易额为1.1万亿元；网络零售交易额为2118亿元，同比增长105.4%。预计未来5年，网购消费者的数量将达到4亿个。

4. 农村发展的时代背景发生巨变

中国农村要实现现代化，必须从解决基本问题入手。小生产与大市场的矛盾，是中国农村经济发展要解决的核心问题[②]。中国农

①　阿里研究中心：《2010网商研究报告》，2010年9月。

②　姜奇平、孙晓红：《互联网沙集模式：从产业化到信息化》，《互联网周刊》2010年12月15日。

村现代化道路的选择，在工业化时代和信息化时代，需要不同的定位。

现在与15年前倡导农业产业化时相比，背景上的最大变化在于，15年前，中国处于典型的传统工业化时代；现在，已经开始进入信息化时代。确定农村现代化道路，离开了这个大的时代背景，就无法准确定位，或者滞后，或者超前。

提出产业化的初衷，是用工业化的方式发展农业，或者说实现农业的工业化。在传统工业化时代，这无疑是正确的，因为工业化是当时现代化的主导力量，所谓工业为主导，农业为基础。在工业为主导的时期，以工业化主导农业发展，是推动现代化的有效战略。实践也证明，这样的农业产业化的道路是完全符合当时历史条件的，对推动农业现代化起到了很大作用。

15年来，时代发生了很大变化，最突出的一点，就是信息革命迅猛发展。从世界范围来看，现代化的主导力量，从工业化逐步转向信息化。工业从主导产业，变为与农业同样的基础产业，以信息业为代表的战略性新兴产业成为新的主导产业，现代化需要信息化这一新的力量来主导、来带动。适应这一时代变化，我国提出了信息化带动工业化、工业化促进信息化的现代化方针。但是多年来，在农村领域，产业化作为主导的思路，一直没有变化，已滞后于现代化的整体形势。在这种情况下，探索适应时代、跟上时代的新路，特别是探索新的带动力量，具有特别重大的现实意义。

同样是解决小生产与大市场的矛盾，信息化的优越性表现在，第一，它可以比工业化以更低成本，更高效能，实现同样的社会化，同样的大市场；第二，它可以比工业化更好地克服大市场的局限，适应个性化高附加值的细分市场的需求。

5. 沙集镇探索通过网店解决"三农"问题，新商业文明在农村地区乍现

在 2010 年阿里巴巴公司主办的第七届全球网商大会上，江苏省睢宁县的沙集镇获得唯一的"最佳网商沃土奖"。沙集镇的农民通过开网店，彻底改变了命运。东风村是沙集镇的一个行政村，全村 1180 户。几年前的东风村没有资源，原有产业是"收破烂"。当初，村里没有快递公司，没有木材加工厂，甚至根本不出产木料，主要产业是废塑料回收加工，年轻人大多外出打工。2006 年以来，通过在网上开店，网下生产加工，村民网店生意越做越大。网店模式被更多的村民成功复制，上千名农民在淘宝网上卖起了木制家具，外出打工的农民纷纷回到家乡做起了网店生意。据报道，到 2009 年秋，在这个苏北小村，总共有 478 个网店老板①，每个网店的月均利润可达 2000 元至几万元。东风村的家具因为物美价廉，远销北京、上海等全国各地，甚至韩国、日本、香港地区的订单也源源不断。据统计测算，2010 年，整个沙集镇网店的年销售额已经超过 3 亿元。加工厂也如雨后春笋般涌出，快递公司从无到有，目前达到 15 家，年物流费用至少 3000 万元。镇上还破天荒出现了 7 家电脑专卖店，周边的纸箱厂、胶带厂、五金配件厂等都跟着生意兴隆。一个带动了上下游多个产业的新产业链在东风村诞生并茁壮成长。目前的东风村呈现出一派和谐、忙碌、兴旺的景象。

"沙集现象"使我们的调研具有了针对性，我们的调研除了印证"沙集现象"外，更是围绕以下问题开展研究："沙集现象"只是昙花一现，还是有其产生和发展的内在规律性？"沙集现象"背后是否存在"沙集模式"？如果存在，那么，它是什么？它的价值和意义何在？它

---

① 赛迪网：《江苏沙集镇有个网店村 诞生 478 个网店老板》，http://news.ccidnet.com/art/951/20090831/1873223_ 1. html，2009 年 8 月 31 日。

是否适合在全国广大农村地区普及推广？

6. 农村电子商务理论研究的滞后

当前，由于我国城乡数字鸿沟的存在，农村电子商务应用水平整体相对低下。应用的落后，也相应制约了农村电子商务理论的发展。而沙集镇等一批农村网店的成功案例，为一系列尚待解决的农村发展及农村电子商务理论问题，提供了新的研究视角和有价值的研究素材。农村电子商务一系列的理论问题需要进行深入探讨。

（1）农业产业化模式问题

在新经济条件下，农业产业化是延续传统工业化大生产的方式，继续走以往"公司＋农户"的道路，还是利用互联网带来的创新机会，开拓新型农业产业化模式？

（2）农村城镇化如何建设的问题

沙集镇的网店发展，带动了物流、木材加工、配件、电脑等一大批上下游企业，在当地形成了一个完整的产业链，带动地方经济。这为推动农村经济转型和城镇化建设提供了很好的案例。我国的农村城镇化建设是否可以从中获得有益的借鉴？

（3）农产品价格低和无销售渠道的问题

农产品价格低，无销售渠道制约了农民收入提升和农村发展。而未来，按照沙集镇的经验，农村网店的经营特点是：特色＋服务＋电子渠道。网店经营无疑扩大了农产品市场，是提高农产品价值的最好途径。

（4）解决提高农民就业和提高农门收入问题

农民问题是"三农"问题的核心问题，也是关系到社会和谐稳定的重要问题。农村网店的开设和网店服务人员的雇佣，势必会解决一大批农民的创业和就业问题，从而迅速提高农民的收入和生活水平，提高农民的素质。

（5）新商业文明的理论问题

网商问题。新型农民网商的加入，为新商业文明网商主体注入了生机和活力。农村网店的普及和崛起，使网商人群的构成和规模发生质的改变。网商迅速从千万级跃升为亿级单位。网商数量的变化，也带来了网商的背景、特点、发展规律等一系列新课题。

网货问题。海量、鲜活、价廉的农产品网货丰富了网货的数量和品种，满足了用户不断增长的物质生活需求。像沙集农民创造简易拼装家具一样，农民网商又会发挥自己的心灵手巧和聪明才智，发明创新出一批批新的商品种类，这也为网货的发展带来新的机遇。

网规问题。农民网商特有的淳朴气质和以土地为信誉保证的交易理念，以及更紧密的家庭沟通交际关系，使得农民的社会关系资本更加丰富，信誉保障也更加容易。这些也给新商业文明的网规研究带来了新的视角。

商品增值问题。由于农民通常拿自己生产的农作物作为网货，因此农村网店经营的商品也更具有个性化和差异化特征。在沙集，一半的农民网商都有家庭作坊，每家每户生产的商品势必各不相同。这种差异化能否成为未来商品增值的最好途径？

显然，我们不可能期望，通过一次调研就能找到以上所有问题的答案。但我们坚信，这些重大问题的答案一定存在于基层，存在于草根鲜活生动的实践创造之中。

二　调研方案及其实施

为了保证调研工作的有效和高效，课题组成行前制订了较为周密的调研方案，明确了调研目的和方法，设计了调研问卷，以此开展有条不紊的工作。

1. 研究目的

沙集镇东风村是个资源匮乏的小村，在开展网店应用之前，除了农业生产外，几乎没有可持续发展的产业，大多数村民为了生计不得已只能到外地打工。但是，自从发展电子商务以来，东风村成功地探索出了一条农村致富之路。通过对东风村的调研，将达到以下目的：

（1）通过对沙集镇电子商务应用的实际情况了解，总结"沙集模式"，挖掘其成功经验和内在驱动因素。

（2）通过总结"沙集模式"典型案例、树立电子商务应用标杆，在全国范围内的广大农村地区，推广东风村的成功经验。

（3）通过"沙集模式"的推广，促进农村电子商务的应用，从而达到利用高科技手段增加农民收入、提高就业、搞活农村经济的目标。

（4）东风村电子商务应用的实践剖析，以点带面总结出我国农村地区发展电子商务的问题和制约因素。课题组将有针对性地提出改善性政策建议，推动我国农村地区的电子商务发展。

2. 研究方法及实施

本次调研的第一轮实地调查由抽样调查、入户深入访谈、实地考察和座谈四部分组成。

（1）调查

抽样调查的目的是从数量角度，了解整个东风村网商发展的基本情况。调查内容见表1-1所示。

东风村有1180个农户，其中，网商400多个。由村委会逐个联系网商来村委会填写问卷。共发放问卷64份，最后回收问卷64份，有效问卷数量64份。

表1-1　　　　　　　　　　　　　　调查内容

调查主要内容	调查细分内容
网商基本情况	网商背景(性别、年龄、学历、收入、婚姻状况、个人主要经历、家庭成员状况)
	从事网商之前的状况(工作、收入、地点)
网店情况	开店原因和驱动力
	网店发展历程和关键点(开店之初的困难和解决办法、发展阶段及主要关键点)
	经营产品及定位(用户、价格、产品、网店定位)
	每天的工作流程(计划、生产、仓储、销售、配送、结算)
	经营状况(产品、产量、交易规模、收入、利润,交易频率、品牌知名度和美誉度及社会影响力)
雇佣情况	雇佣人数
	工资及待遇
	员工来源
	对比(和之前工作的对比:收入、工作内容、工作地点)
	如何培训
合作及生态	和上下游企业的合作情况(板材厂、家具加工厂、五金配件厂、电脑销售与培训、物流)
	和同村其他网商的关系(竞争、合作)
	和淘宝、村组织等之间的关系
	所在行业的竞争状况,如何应对竞争
	社会各界给予了哪些支持(村镇、政府、其他)
网商发展情况	制约企业发展的主要因素及可能解决办法(同村恶意竞争、网店发展瓶颈)
	网店发展规划
	需求、意见和建议(对当地村镇、淘宝、政府、对购买者)
	对在农村发展电子商务的看法

(2) 深入访谈＋实地考察

为了从各个角度了解农民网商发展的生态及与其他主体的关系。调查组系统地对各个环节进行了深入调研。调查的主要对象包括:重点网商10人、网商雇佣人员10人、配套产业(板材厂2家、五金配件经销商1家、电脑销售商2家、物流企业5家)、淘宝平台及阿里巴巴研究院、村镇领导(东风村王维科和王敏书记、沙集镇党委黄浩书记）、睢宁县共青团青年网络创业示范基地负责人 1 人、非网商村民 2 人。

针对重点网商的调查内容包括：网店发展历程和关键点；创始人背景及个人主要经历；开店原因和驱动力；每天的工作流程（计划、生产、仓储、销售、配送、结算）；经营状况（产品、产量、交易规模、收入、利润，交易频率、品牌知名度和美誉度及社会影响力、雇佣人数）；所在行业的竞争状况；制约企业发展的主要因素及可能解决办法；发展规划、需求、意见和建议（对当地村镇、淘宝、政府）；对在农村发展电子商务的看法。

针对网商雇佣人员，调查内容包括：个人背景；个人成长简单经历；收入及福利；工作内容、工作的难点和挑战；培训；在网店工作的好处和弊端；个人职业规划；个人需求、意见和建议（对网店、网店主、淘宝、政府）。

配套产业调查的企业类型包括：板材厂、家具加工厂、五金配件厂、电脑销售与培训、物流公司。访谈内容包括：企业背景；经营状况（收入、利润、人员）；在东风村成长及发展历程；和网商的业务合作流程；合作障碍和困难；企业发展规划和设想、需求、意见和建议（对网商、淘宝、当地的村镇、宏观政策）；对网商和电子商务发展的看法。

针对村镇领导的调查内容包括：东风村的基本情况和发展历程；网店对东风村建设（经济发展、解决"三农"问题、生产方式转型、解决就业等）所带来的变化（积极和消极）；村镇组织对发展网店的态度，做了哪些工作，提供哪些政策；未来当地的发展规划及未来发展网店的设想；对政府宏观政策和对淘宝的建议；对农村发展电子商务的态度和建议。

针对睢宁县共青团青年网络创业示范基地负责人的访谈内容包括：

基地基本情况（定位、组织、人员、责权利）；基地成立的过程和初衷；成员数量和发展状况；基地和网商的关系；为网商提供的服务和支持；未来发展规划；如何看网商和电子商务的发展；对政府和淘宝的建议。

针对淘宝平台及阿里巴巴研究院，调查的主要内容包括：农村网商发展的现状、存在的问题；农村网商与其他网商在网店经营、网货、网规等方面存在的差异性；对农民网商的现有支持政策；农民开店的优势和劣势分析；发展农村网商的意义；未来开拓农民网商的设想；在扶持农民网商方面，对政策和环境的需求；其他（根据访谈情况补充）。

（3）网商座谈会

举办网商座谈会的目的是利用头脑风暴、互相提醒补充的方式，获得有关信息，从而了解网商发展中的问题，探讨解决问题的办法。

在沙集镇和东风村的组织下，项目组在第一轮调查时，分别在沙集镇政府会议室和东风村委会会议室共举办2场座谈会。每次座谈会邀请网商10人。座谈内容包括：网店发展中的成功经验、问题和困难，制约企业发展的主要因素及可能解决办法，网店发展规划，网商的需求、意见和建议，网商对农村发展电子商务的看法。

（4）服务商与管理机构座谈会

在沙集镇政府的帮助下，课题组邀请了农村信用社、农村商业银行、物流（EMS）、电信厂商（中国电信和中国移动）、治安保卫（派出所和镇治保委员）、供电局等单位负责人，举办1场网商服务商座谈会。网商服务商从各自角度，畅谈了他们对网商快速发展的看法和认识，本系统在网商发展中的定位和角色，总结了近2年对网商所开展的支持和服务工作。

3. 调研工作情况

经过精心的准备，2010 年 10 月 10 ~ 17 日，调研组在社科院信息化研究中心汪向东主任和阿里巴巴集团副总裁梁春晓的亲自率领下，在沙集镇进行了为期一周的实地调查研究。

课题组调研工作进展顺利，非常圆满地完成了调研工作。在有限的时间内，调研组成员白天深入农户家里访问，夜晚还要整理资料和第二天的访谈计划。调研组以科学务实的态度，认真调查网商发展每一个环节的情况，搜集每一个网商成长的点滴数据。为了深入获得更翔实的一手素材，调研组有时甚至会重访或者是三访农户。有的刚起步的网商家庭生活还比较贫困，家里比较脏乱，但是课题组成员没有显示出丝毫的嫌弃或者不屑，以平等和友善的态度和农民朋友交谈，调研情况。课题组的汪向东主任是我国著名信息化专家，他一直从头至尾走在调研的最前面。调研组周红老师在回访网商时，恰巧遇到网商在睡觉，她就默默地站在农户院子里等，一站就是一个多小时。调研组的叶秀敏博士脚烫伤了，但是她仍然每天一瘸一拐地走在并不平坦的村路上，一家一户走访调研；本来晚上刚刚愈合的伤口，第二天白天又被磨破了。问及她的感受，她说："研究电子商务这么多年，看到沙集镇农民电子商务发展得这么成功，太让人兴奋了！其他已经不重要了！"村里的农民网商也都感慨："见过来村里调研的，但是没见过这么多人、这么长时间、这么认真、这么深入调研的。"

调研组受到了当地农民网商的欢迎和积极配合。淳朴的网商一方面希望课题组总结他们的经验，进行全国性宣传推广；另一方面，渴望通过课题组的研究及与当地政府的沟通，帮助他们解决发展中面临的瓶颈。调研组每到一户或每开一次座谈会，都受到网商热情欢迎和积极配合，大家争先恐后地介绍网店发展情况、存在的问题和对未来的期望。

　　调研过程中，课题组也得到了沙集镇政府、东风村委会的大力支持和帮助。他们在课题组到达前，就根据调研组提出的方案和行程准备了大量、翔实的资料，对东风村网商和配套服务环境进行了初步摸底和数据汇总。调研过程中，他们积极有效地组织调研线路，保证调研高效、高质量完成。他们还为课题组提供了交通工具，配备专人带领课题组一家一户地走访。当地村镇领导还抽出时间，协助组织村民参加抽样调查、回收问卷。在整个调研过程中，沙集镇黄浩书记、镇人大邢主席、东风村王会计等村镇领导，在组织网商、协助调研等方面给予了非常大的帮助，特此感谢！

　　调研组结束了沙集调研之行，调研收获颇丰。沙集镇网商发展的喜人态势超出调研组的预期，在整个调研过程中，调研组都为沙集镇网商群体的快速成长而兴奋不已！也为沙集镇淳朴的民风、默默无闻而又任劳任怨的基层村镇干部所感动！

第二章　聚焦"沙集现象"

一　"沙集现象"涌现

1. "沙集现象"受到关注

最先报道"沙集现象"的是地方媒体。2009 年 7 月 18 日《南方都市报》登出《Ctrl + C 成功复制新型农民军》的文章，2009 年 9 月 1 日《重庆商报》报道指出"江苏农民开网店年销售 5000 万，重庆农民要学习"。2009 年 9 月 4 日，《徐州日报》以题为《睢宁沙集千余农民开网店》，报道了沙集镇东风村 1200 多户人家，有 300 多户在"淘宝"开网店的情况。随后，2009 年 10 月 16 日《钱江晚报》也刊登了题为《睢宁县淘宝村：整村农民"二指禅"打字开网店》的文章。"沙集现象"浮出水面。

"沙集现象"升温是在 2010 年 9 月的第七届全球网商大会上。在这场全球优秀网商齐聚的顶级盛会上，备受外界关注的"2010 全球十佳网商评选"及其他各奖项纷纷揭晓。沙集镇获评唯一的"最佳网商沃土奖"。2010 年 11 月 21 日，央视《经济半小时》播出了有关沙集镇的网商报道。

用关键词"沙集＋网店"百度一下，瞬间会出现24500篇有关文章：《睢宁县淘宝村：整村农民"二指禅"打字开网店》《"淘宝村"是这样弄成的》《苏北小镇农民扎堆开网店月入过万》，等等。沙集镇东风村瞬间从一个无名的"垃圾村"，跃升为全国闻名的"淘宝村"。

"沙集现象"，引起了社会各界的广泛关注。2010年12月18日，由中国社会科学院（以下简称中国社科院）信息化研究中心、阿里研究中心、睢宁县委县政府联合举办的"农村电子商务暨'沙集模式'高层研讨会"在睢宁召开。中国社科院信息化研究中心汪向东主任在会上总结了"农户＋网络＋公司"的"沙集模式"的内涵和意义。与会的专家、国家部委官员及网商代表共同研讨沙集模式的推广意义和示范效应。

2. 沙集镇和东风村概况

沙集镇位于江苏省睢宁县，睢宁县位于江苏省北部，隶属徐州市管辖，全县总面积1773平方公里，辖16个镇，人口132万。睢宁是一个拥有三千多年历史的古老城市，历史文化积淀深厚。位于县域北部的下邳镇，是夏禹时的下邳国所在。历史上的下邳水陆通衢，人丁兴旺，商贸繁荣，张良圯桥三进履得兵书、吕布被缢杀白门楼等历史事件都发生于此；这里还耸立着中国最早的宝塔——九镜塔。睢宁一直以来都是一个传统的农业大县和人口大县，由于地少人多，睢宁县的人均GDP在全省经济排名中过去一直处于靠后的位置，是省级贫困县。直到五年前，县领导还在动员和组织民工外出打工。最近十年，睢宁县政府和人民始终在为摆脱贫穷而开拓创新，努力凭借资源优势进位崛起。睢宁县大力发展农副业，已被列为全国商品粮基地县、优质棉基地县和生态农业示范县。2010年全县经济总量实现了突破进位。地区生产总值完成200.1亿元，实现"三年翻番"，在全省排名前进6个位次。睢宁县的地理位置如图2-1所示。

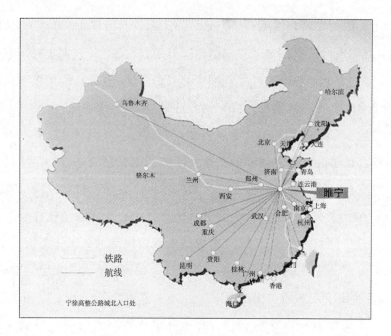

图 2-1　睢宁县的地理位置

　　沙集镇（见图 2-2）是睢宁县东大门，地理位置优越，东临宿迁，西靠徐州，南接安徽，北望山东。沙集镇是徐州市"国家级重点中心镇"，"徐连经济带"的中心地区。沙集镇辖 17 个行政村，264 个村民组，1.3 万户，人口 6 万人，劳动力 3 万人，耕地面积 5.4 万亩。2009 年农村经济收入 100592 万元①，其中农业收入 9075 万元，牧业收入 6126 万元；工业收入 70693 万元；农民人均收入 5882 元。

　　东风村位于沙集镇东部，与宿迁市一河之隔，北临 324 省道，东靠宁宿徐高速，地理位置相对优越。东风村区域面积 6779 亩，耕地面积 4464 亩。东风村共有 17 个村民小组，1180 户，总人口 4849 人，2009 年农村经济收入 2.2 亿元。

---

　　① 来源：睢宁县统计局《2009 年睢宁统计年鉴》。

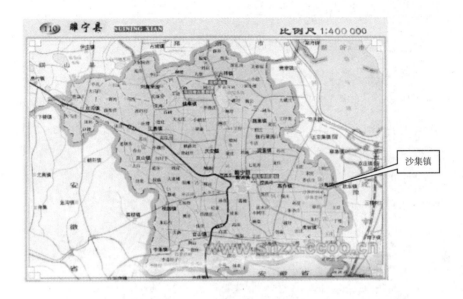

图 2-2 沙集镇的地理位置

二 什么是"沙集现象"?

1. 什么是"沙集现象"?

"沙集现象"特指沙集镇农民网商自发式产生、裂变式成长、包容性发展的现象。

自发式产生指沙集农民创办的网店销售及加工业从产生、发展到壮大,基本是依靠当地农民自组织的力量,自发式地萌芽和成长。

裂变式成长是指从 2006 年东风村的第一个农民网商出现,到 2010 年全沙集镇 600 户网商和 2000 余家网店互帮、互带的快速复制,带动整个家具产业链从无到有达到年销售额 3 亿元的迅猛普及发展的过程。

包容性发展一方面指当地农民能够和城里人一样享受数字经济带来的便捷和商业机会,另一方面也指村里的男女老少都能够参与到网店销售和加工的火热局面中。

2. "沙集现象"产生的历程

沙集镇农民原来从事的主要产业除了农业种植、传统养殖、废旧塑料回收加工以外，少部分人忙里偷闲从事粉丝的生产（见图2-3）。有人这样形容沙集的传统产业，叫作"户户种小麦，路北磨粉面，联合烧砖瓦，全乡收破烂"。

图2-3 东风村的粉丝生产

沙集现象的产生，要从东风村经济发展的"三段式"说起。过去，东风村的村民主要以务农和外出打工为主。然而苏北是有名的盐碱地，东风村的人均土地不足一亩。农田大多为稻、麦两熟，缺水的地方则种小麦、玉米两熟。种田既耗费大量精力，收入又低，遇到灾年，农户还要赔钱。多少年来，东风村一直在寻找土地以外的致富办法。最初，村里的很多年轻人选择了外出打工。他们远赴北京、南京、上海、深圳等地打工，家里留下老人和孩子耕种土地。平时，全村2600名劳动力，外出打工人数达到1500人，最多时外出打工的人数达2000人以上。打工的收入不多，情况好时，春节能带 1 万元左右回家。穷则思变，聪明勤劳的沙集人除了务农和外出打工外，经历了发展养猪业、废旧塑料回收加工业、网店销售及加工业三个阶段。

（1）第一阶段：发展养猪业（自 1982 年起）

从实行农村联产承包责任制以后，东风村出现了生猪养殖户。生猪养殖给农民带来了种田以外的额外收入。最赚钱时，每头肥猪的利润可以达到 400～500 元。到 1995 年，养猪业（见图 2 - 4）发展到最高峰，全村养殖户多达 300 余户，当年出栏肥猪达 1500 头，全村每户平均养猪达到 10 头以上。养猪业给农民带来了收入。然而，1997～1998 年，东南亚金融危机期间生猪价格一路下滑，由于此前生产能力持续扩张，供过于求，生猪价格从 6 元多一路掉到 1 元多 1 斤，养殖业利润空间变得越来越狭小，甚至是赔钱。养猪业从此一蹶不振，东风村的养殖户开始转行，养殖业逐步萎缩。

图 2 - 4　沙集镇的传统养猪业

（2）第二阶段：发展废旧塑料回收加工业（自 1995 年起）

从 1995 年开始，东风村部分农户受邻近耿车镇的影响，开始从事塑料回收加工业务。一开始，农户到全国各地，特别是到南方比较发达的地区回收废旧塑料，最多的时候全村有 800 多人在外地回收废旧塑料，"破烂村"由此成名。自 2000 年起，农户们纷纷转型从事回收和加工双重业务。塑料回收再加工，作为工业材料用于制造业，然后用于成品出口。到 2005 年，全村塑料回收加工业务达到最高峰，全村从事该产业的农户达到 250 户，年产值达到 5000 万元，利润率达到 10%～20%。然而，2008 年的金融危机导致塑料加工行业陷入低谷。国际金融危机首先影响的是中国的对外贸易，外贸缩水引发需求急剧降低，废品收购业受到直接影响，价格严重下滑，塑料价格从 4 元多跌到了 2 元多一斤。东风村塑料回收加工业务出现大规模亏损。并且废旧塑料回收加工业务环境污染严重，政策风险越来越大，很多废品回收加工企业面临停产或者减产的困境。图 2 - 5 是东风村的废旧塑料加工厂；图 2 - 6 是村民们回收的废旧塑料。

图 2 - 5 废旧塑料加工厂

（3）发展网店销售及加工业（自 2006 年起）

2006 年，村里的年轻人孙寒从县移动公司辞职，开起了第一家网店，从事简易拼装家具的网络销售及加工。经过短短的 4 年，村里的

图 2-6 村民们回收的废旧塑料

网店生意从无到有，网店模式被更多的村民成功复制，在淘宝网上卖起了木制家具。外出打工的农民纷纷回到家乡做起了网店生意。东风村的家具因为物美价廉，远销北京、上海等全国各地，甚至韩国、日本、中国香港的订单也源源不断。2010年的网络销售额达到3亿元，网店数量超过2000家，从事网络销售业务的农户达到600余户，其中从事家具生产及销售一条龙的达到200多户。网络销售及加工同时带动了板材生产加工、五金配件、物流、快递等业务的发展。迄今为止，沙集共有板材加工厂6家，五金配件生产企业2家，物流快递企业15家，电脑专卖店7家，2010年仅物流费用就达到3000万元。农民通过开设网店，不仅提高了收入，而且解决了就业和创业难题。曾经外出务工的年轻人基本都已返乡，而且村里还出现了上千人的劳动力缺口。由于家家户户都忙着网店生意，因此村里没有闲人，几年来全村几乎没有出现过治安问题。目前的东风村呈现出一派和谐、忙碌、兴旺的景象。

图2-7揭示了东风村农村经济发展的"三段式"过程。从养猪业、废旧塑料回收加工业、网店销售及加工业的三阶段发展来看，伴随着新商业文明时代的来临，网店销售及加工业参与农户最多，年产值最高，增长速度最快。

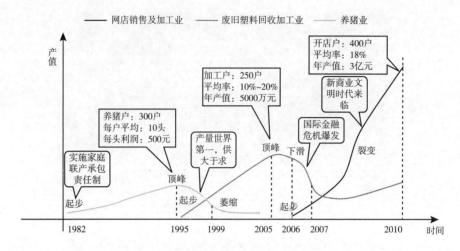

图 2-7 东风村农村经济发展的"三段式"

三 "沙集现象"的特点

"沙集现象"的特点（见图 2-8）体现在三个方面：网商群体本身的特征、发展速度和生态系统建设。

网商群体特征体现在三个方面：规模大、多样化、独具特色。规模大，表现为网商数量爆发式增长、销售收入实现突破、从业人员规模大、网商收入水平高四个方面。网商起源呈多样化特征，网商分为四种类型：发起者、复制者、转型者和兼营者。网商具有三个方面的特色：群体年轻化，生产经营一体化，以家庭为基本生产经营单位。

在发展动力和速度上，网商自发产生，呈现快速发展。在工厂规模、产品种类、设计创新、管理四个方面分别实现"三级跳"。

在生态建设上，网销业初步形成完整的产业链，网商主体与环境逐步实现良性互动，整个网商生存的社会环境安定、和谐。

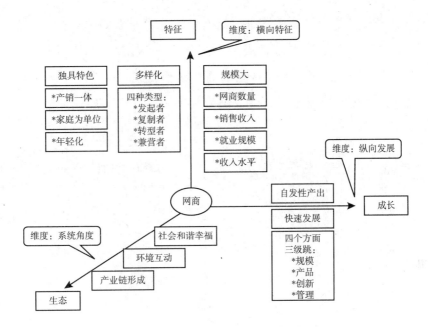

图 2－8 "沙集现象"的特点

（一）农民网商群体崛起

1. 规模大

（1）网商数量爆发式增长

2006 年，东风村第一家网店成立，2007 年只有 10 多家，2008 年初达到 100 家，2009 年底达到 1200 家，截至 2010 年 10 月，网店数量已经超过 2000 家，从事网络销售业务的达到 600 余户。据东风村党支部副书记王君甫介绍，在从事简易家具生产销售的农户中，投资 50 万元以上的有 100 户，投资 100 万元以上的有 6 户，投资 200 万元以上的有 4 户。算上雇用的外地人员，全村已经有上千名农民在淘宝网上开店销售木制家具，占东风村总人口数的三分之一。

短短几年，东风村网店生意从无到有、从小到大。从 2006 年到

2008 年，是沙集镇网商的萌芽、起步、摸索和初步成熟阶段。在这一阶段，网商的商业模式初步成型，探索出了从商品设计、网上销售、网下加工、物流配送一整套成熟的商业运作模式。从 2008 年开始，网店模式被村民们快速复制，呈现爆发式增长。网店发展数量如图 2 - 9 所示。

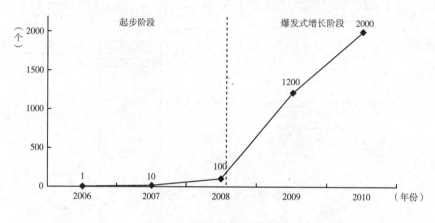

图 2 - 9　网商数量发展趋势

沙集网商的爆发式增长，与开网店创业这种方式关系很大。调查显示，沙集网商认为，与其他创业方式相比，开网店有得天独厚的优势。这些优势包括：可以利用现有的资源条件、成本低、见效快、风险小、有乐趣、简单易学，如图 2 - 10 所示。

（2）销售额实现突破

东风村的家具包括架类（书架、花架、鞋架）、柜类（衣柜、电视柜、茶几）、书桌、床、秋千，等等。因为产品品种齐全、简洁大方、价格便宜、拆装方便，在全国范围内的销售持续火爆。买家不仅包括北京、上海等国际大都市的白领，而且包括来自中小城市的普通家庭。随着东风村简易家具的知名度不断扩大，网络渠道还覆盖到世界各地。2010 年，来自韩国、日本等地的订单源源不断。

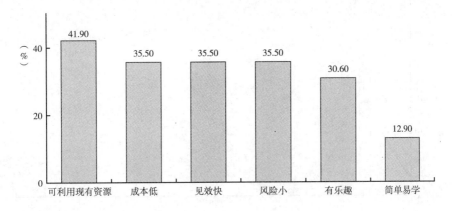

图 2 – 10 网店创业的优势

孙寒的网店每天发往全国各地的货品近 300 件,平均每天营业额可达 1 万元。夏凯的 4 家网店每年有 30 万元的营收,他还开了一家木制加工厂,向镇上其他淘宝商做批发,年批发额超过 30 万元,此外,他还加盟了天天快递,还有一部分收入。陈雷的 3 个网店每天能销售 1 万元,1 年约有 300 万元销售额。网商刘兴利说,他家 1 天就要发 30 个单子到全国各地,1 个月的销售额在 5 万元左右。

(3) 从业人员规模大

随着网店数量的增多、生意规模的扩大,沙集镇对人才的需求也越来越大,解决了大量劳动力的就业问题。农民网商除了雇用当地农民作为工人外,还雇用大批外来人员,有的外来人员甚至来自徐州等大城市。以东风村为例,这个村从事网店生意的将近 600 户,家具厂和配套企业 100 家,直接带动就业。根据调查,平均每户雇用 6 个劳动力,在被调查的网店中,雇用 4 ~ 7 人的网店比例最高,也有个别网商雇工数量达到几十人,如图 2 – 11 所示。孙寒和陈雷的工厂都雇用了 10 来个工人,镇上最大的网商雇工数达到 50 多人。

有的网店人手不够,父母就直接为子女打工,做些简单的包装和

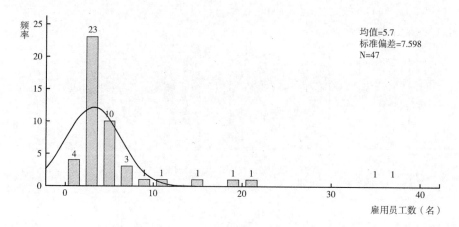

图 2 – 11　沙集网商雇佣的工人数量

擦洗工作。据东风村前书记王维科介绍，村里出去打工的年轻人最多时达 1500 多人，而目前，不仅这些年轻人都返乡创业或工作，而且村里的劳动力缺口仍然高达 1000 多人。走在东风村，街道两旁的招工木牌随处可见（见图 2 – 12、图 2 – 13）。

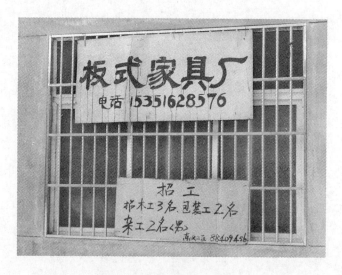

图 2 – 12　网店的招聘广告 1

图 2 - 13 网店的招聘广告 2

沙集网商雇用的人员主要是外村居民，比例达到 46.8%，其次是本村居民和亲戚朋友，如图 2 - 14 所示。

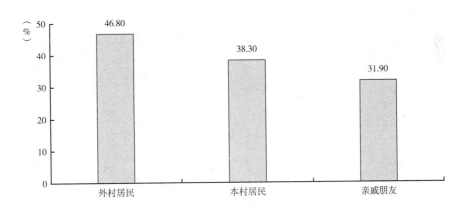

图 2 - 14 网商雇佣人员的来源

用工需求的大幅增加，同样出现在东风村所在的省级贫困县睢宁。据睢宁县人保局就业处主任王晓军介绍，2007～2010 年，睢宁县的企业增加了近两倍，达到 242 家；从业人员增加了 3 倍多，达到 7 万人，每年新增用工需求 1 万人。

（4）网商收入水平高

根据调查，沙集镇农民网销家具的平均利润率有 18% 左右，除了个别网商的利润率大于 40% 外，大部分网商的利润集中在 10% ~30% 之间，见图 2-15。按照 2010 年 3 亿元的销售额计算，网商的利润将达到 5000 万元。据网商介绍，没有加工厂的普通网店月均利润也可达 2000 元左右。

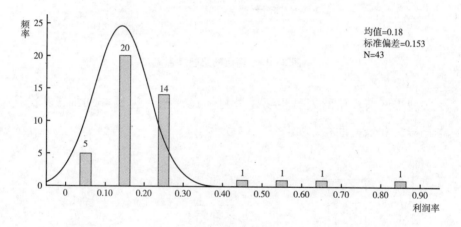

图 2-15　网商的利润率

孙寒、夏凯和陈雷是最早在沙集开办网商的青年农民，被称为沙集农民网商"三剑客"。他们分别从网销家具中赚到了第一桶金。孙寒网店的木制品利润每年约为 60 万元，是村里网商的首富；夏凯的 4 家店每年净利润超过 10 万元；陈雷的三个网店每年约能实现利润 30 万元。刚开网店仅仅两年的王静，年利润也达到十几万元。

除了网商，网销家具业带动了大量的农民就业，农民就地转化为雇佣工人。工人们也分别获得了满意的收入。原先外出打工的木工纷纷返乡。以前当地木工只能远走外地去找点小活做，工作挑他们。而现在木工在当地却成了香饽饽，现在他们开始挑工作了。这一点，从木工的收入上就可见一斑。2007年，木工的工资是每天60元，后来木工成为紧俏人才，2010年上半年木工的工资平均每天是80元，下半年是90元。还一天到晚嫌报酬低，春节前就升到100元了，有的还超过每天120元。而会设计、会使用现代化设备的木工每天能拿到150元，到2010年年底，我们在当地召开高层研讨会时，顶级排钻工的日均工资达到200元。在网店工作的其他工人收入也水涨船高。2007年，包装工人每天的工资是20~25元，而如今不算奖金，已经涨到每天30~40元。农忙时，包装工人更难招，包装工人的价格最高涨到每天50元。不仅是木工和包装工人，从事网店客服工作的雇工，每月的平均工资收入也都在1000元以上。图2-16是当地的招聘启事。

图2-16 6000元招聘排钻工

胡翠英，是50来岁的农村妇女，只有小学文化。原先她家是村里的贫困户，家里只有2亩地，她一直都是以种粮谋生，再做点煎饼补贴家用，一年下来，收入加在一起也不到1万元。为了供养两个孩子上大学，家里欠了几万元的债务。为了偿还债务，丈夫常年在外打工。看到村里其他人开网店赚了钱，胡大姐不服气，虽然不会打字，但是用一个手指头敲打键盘，也硬支撑着开了一个网店。由于好不容易供两个孩子读了大学，胡翠英原本希望孩子们在城里找工作。但是随着网店生意的扩大，胡翠英改了主意，干脆把一双儿女叫回家开网店。又把在大城市打工的丈夫叫回家在工厂里帮忙。在全家人的努力下，家里的网店生意日益兴隆。不到2年，不仅外债还清了，家里有了积蓄，胡翠英还为儿子娶了媳妇。目前，胡翠英的网店每月赚三四千元，生意好的时候，一天就可以赚2000元。目前，儿子和女儿负责网店的运营和客户服务，而胡翠英则负责包装，丈夫和请来的木工负责生产加工。

2. 网商来源多样化 （见图 2 – 17）

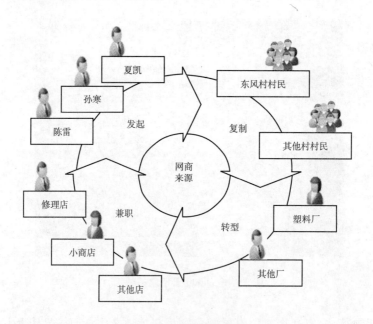

图 2 – 17　网商的来源途径

（1）发起者

说到沙集镇网商的来源，不能不提到网商"三剑客"：孙寒、夏凯和陈雷，是他们最初开设网店，并把开店技巧介绍给周围的亲朋和乡邻。

孙寒毕业于南京林业大学，大专文凭，于 2006 年 3 月开设第一家网店。之前，孙寒当过保安；在上海，帮亲戚做生意；还在酒吧做过服务生，当过群众演员，他当时的梦想就是做一名电影演员。后来，孙寒回到睢宁，在县移动公司担任客服经理，每月 3000 元的工资让村里的其他年轻人羡慕不已。然而，孙寒一直不安于现状，他认为自己可以做更大的生意。一次，孙寒拿 30 张电话充值卡在网上销售，结果 2 个小时就卖光了。这让孙寒大吃一惊。这次网络卖卡让他体验到了网络销售的魅力。也因为这次倒卖公司用于促销的手机卡，孙寒被迫辞职。于是他干脆在家里开起了淘宝网店。孙寒的网店一开始只是做一些家居小饰品、小家电。开店第一个月，居然就赚了 2000 元。这更让孙寒坚定了他的网络销售之路。孙寒发现，卖小饰品不但竞争激烈，利润空间小，而且还受到上游供货商的限制，于是他开始寻找新的产品突破口。

夏凯是孙寒的朋友，同时也是沙集镇中学的一名美术老师。夏凯在 1997 年就花 4000 多元钱买了全镇第一台电脑。在当时，村里好多人甚至还不知道电脑是什么东西。夏凯还利用业余时间举办了镇里的第一期电脑培训班，经过 2 年的培训，镇里已经有相当一部分人能够简单应用电脑。于是，夏凯又开了一家网吧，顺便做起了电脑零售和配件生意。2004 年底，夏凯开始从其他网店购进电脑配件。看到电脑配件网店生意兴隆，不由得深受启发，萌发了开设网店的想法。一次在南京街头，夏凯看到了淘宝免费开店的广告，这更坚定了他开设网店的想法。2006 年 4 月，夏凯在淘宝网开了自己的第一家网店，网店注册名为"星空家居"，出售小挂件、钥匙扣和搅拌机等。

代表沙集镇领取第七届网商大会上唯一的"全球最佳网商沃土奖"的小伙子叫陈雷。陈雷比较低调，但是看得出，小伙子不但非常爱思考，而且具有果断的决心和行动力。陈雷在沙集镇开了一家影楼，专做婚纱摄影，生意还不错，据说一年的营收能达到 15 万元。两个好朋友孙寒和夏凯开网店的经历对他启发很大。于是，他也开了一家属于自己的网店。

经销装饰品和小家电尽管生意不错，但是发展空间有限。由于自己不掌握上游的货源，"三剑客"的网店只能赚些差价费，发展潜力不容乐观。于是，三个人经常凑在一起讨论网店的发展规划。2007 年的一天，孙寒只身前往上海，偶然进入宜家家居超市，里面简单、实用而又时尚的家居用品让他大开眼界，他似乎确定了发展方向。他认为简易拼装家具一定有广阔的市场空间。他在网络搜索时却发现，尽管这样的家具既时尚，价格也合理，可是在网络上却是个空白。孙寒一下子确定了发展方向，他当即在宜家买下两款商品带回睢宁。韩剧中的简易家具同样触动了陈雷。孙寒、夏凯、陈雷三个人一商量，决定网销简易拼装家具。陈雷用手中的专业照相机，把韩剧中的各种简易家具拍下来；夏凯发挥美术特长，参考买回来的样品，改造和设计加工图纸。几个人拿着图纸请木工师傅帮忙加工，在网上进行销售。结果，由于他们的产品物美价廉，一炮打响，网络销售效果非常好。孙寒的网店不到六个月时间，销售额就突破了百万元大关。很快，三个人的网店走上正轨，如火如荼地开展起简易拼装家具的网络销售和加工业务。

孙寒的 2 家网店分别取名"美怡家家居"和"雅美佳"，他不仅从开网店赚到了第一桶金，而且投资兴建两家家具生产厂。而陈雷除了拥有网店外，还拥有两家快递公司、两个木材加工厂和一家影楼。夏凯一口气开了四家网店：星空家居、星空实木、家新家居、XK8181036。

（2）复制

一开始，村民们对"三剑客"的网店还不以为然，认为三个毛头小子坐在电脑前，哪里都不去，一定鼓捣不出什么名堂来。一开始，当看到孙寒将包好的货放在门口，快递每天马不停蹄地上门取货时，村民们还很奇怪：货都放到哪里？怎么没有人来交钱呢？村民们发现，最开始快递是骑着摩托来取货，后来是开着三轮农用车取货，再后来是开着卡车来取货，快递取的货越来越多。看着他们的生意越做越大，很多村民不由得动了心，他们纷纷探听"三剑客"做什么生意，如何做。于是"三剑客"倾囊相授，毫不保留地将生意经传授给周围的邻居、亲朋。

孙寒带了王朴、王跃两个徒弟，夏凯、陈雷也分别带了几个徒弟。孙寒的第一个徒弟是王朴。王朴初中没有毕业，之前和哥哥一起从事废旧塑料生意，对电脑十分陌生。他不会打字，孙寒先教他打字、背字母，从认识键盘、敲打自己的名字开始。有生意经历的王朴上手很快，在弟弟王跃帮助下，两人的网店规模快速扩张。

徒弟们学会了开店，徒弟又将网店生意经传授给自己周围的亲朋。就这样，一传十、十传百，网店生意顿时在村里遍地开花。夏凯描述这个链条反应："我带动自己的四五个亲戚，他们每人再带动四五个人，一个个传下去。"网店的星星之火渐成燎原之势。尤其是到了2008年，金融危机导致南方中小企业不景气，外出打工的年轻人纷纷回乡，当他们看到网店生意如此火爆时，都放弃了外出打工的想法，参加到网店经营。

当问及"三剑客"为啥把这么好的生意经传授给村里人，难道不担心"教会了徒弟饿死了师傅"时，孙寒不好意思地说："一开始我们也担心做得人多了，会抢我们的市场，产品失去特色。于是我们决定坚决不外传，几个人还签字画押，订立了攻守同盟。但是架不住都是乡里乡亲，不能不传啊！"心直口快的夏凯提出了他的想法："后来，我们发现家具网销市场这么大，谁有本事谁都可以做。只有把量做大，才能够形成气候。何况，目前网店的普及程度离我们的预期还有差距，我们希望镇里的所有年轻人都有自己的网店。"村镇领导对此想法非常支持，东风村前任书记王维科提出了打造"苏北电子商务第一村"的口号。

"三剑客"网上开店赚到钱的消息在更广的范围内传开，更多的亲友们上门求教，于是陆续又有上百户人家加入。不仅是东风村，附近村乃至其他乡镇的农民都闻风赶来拜师学艺。

（3）转型

东风村原先还有上百户农民从事废旧塑料回收加工业务。但是，废旧塑料回收业务面临污染环境、受宏观经济环境冲击大的问题。一开始，塑料回收加工农户都对网络销售业务持怀疑态度，而当他们亲眼目睹网络销售家具业的快速发展后，纷纷考虑转型。精明的沙集农民比较过，从事网店生意不仅投入少、风险小，而且市场大、见效快。

曾经从事废旧塑料回收业务的王为利也正在考虑向网销转型，他表示："我已经计划好马上转型，投入20万元，购买家具生产设备。"

王敏是村里从事废旧塑料业的大户，他从塑料生意起家，然而金融危机带来行业的萎缩，对他的打击相当大。王敏坦言，他正在考虑转型到网店，准备给两个开网店的弟弟投资，成立股份公司，购置现代化设备，把家具网销业做大。并且，他本人也将逐步把精力从塑料加工业转向网销。据悉，村里还有更多从事废旧塑料回收加工业的农户考虑向网销业发展。

刘晓林原在山东做食品生意，春节回家过年时发现村里的网店生意异常火爆。在和孙寒探讨网店的生意过程中，他认为网销家具业更有发展前景。2009年，刘晓林结束食品生意，带着全部资产回乡投资建板材厂；2010年，他贷款投资建了高档松木家具厂。

村民王道军只有初中文化，以前从事家庭养猪，一年到头忙个不停，也挣不到多少钱。看到村里的人开网店致富，心里直痒痒。可他在开网店之前根本就没见过电脑，更不知道如何开店。于是跟村里的年轻人慢慢学，后来居然可以用"一指禅"（一两个手指打字）把网店开得红红火火。

（4）兼营

除了专职网商，村里、镇里还有大量的兼职网商。据调查，沙集镇街道两边的实体店铺，80%都在兼营网店。这些网店卖的全是当地生产的木制家具。这些实体店铺有卖手机的、卖衣服的、卖电脑的，有理发店、摩托车修理店等。在照顾正常生意的同时，他们同时经营网店。网店一旦有了订单，他们就到周围邻居家的家具厂去提货、发货。即使兼职，网店收入也可以为他们带来每月2000元以上的收入。据夏凯介绍，村里有正在外地上大学的孩子，也领着宿舍的几个同学开网店了。他们每天花一两个小时在网上接订单，然后把订单转给家里的父母，父母则负责生产、包装，并将货物从沙集镇发走。围绕着用户的订单，外地大学生和老家的亲人各司其职，实现有机的协调联动。这些在校大学生思维敏捷、电脑应用熟练，更善于学习，往往把网店打理得有声有色。

3. 网商群体年轻化

（1）沙集农民网商群体的突出特征是年轻化

根据抽样调查，沙集农民网商以年轻人居多，其中，18～30岁的网商群体规模最大，占比达到 73.85%，如图 2 - 18 所示。这个年轻的群体，他们最先具备互联网应用能力，利用在大城市打工积累的企业管理经验，发挥农民吃苦耐劳的精神，敢闯敢干，从无到有开创了网销家具这一全新的领域。他们能够贴近市场，利用聪明才智，不断发掘商机，选定了简易拼装家具市场。这些年轻人还勇于改变、勇于创新，不断开拓新的产品领域，推出一款又一款畅销家具；他们生气勃勃、开心快乐地工作；他们乐于分享，虚心学习，推动家家户户的网店生意红红火火。在调查过程中，调研组不断被这群年轻人的激情和热情所感动。

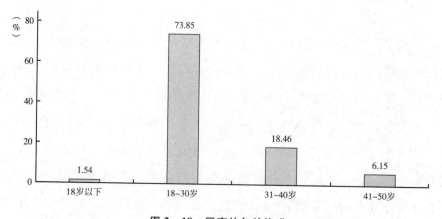

图 2 - 18　网商的年龄构成

（2）沙集网商的其他特征

被调查的沙集网商受教育程度以高中及以下学历为主。其中，高中（技校及中专）学历的占 47.69%，初中及以下学历的占 38.46%，大专学历的占 9.23%，本科学历的占 4.62%（见图 2 - 19）。

沙集农民网商以已婚人员为主，占全部网商的比例为 73.85%，未婚网商占比为 26.15%（见图 2 - 20）。

开店之前，沙集网商在外乡企业工作的占 30.51%，在本乡企业工

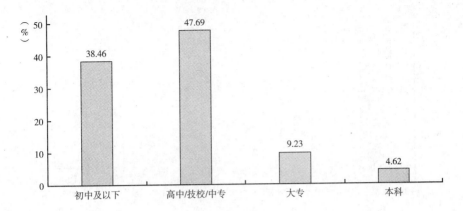

图 2－19　网商的受教育程度

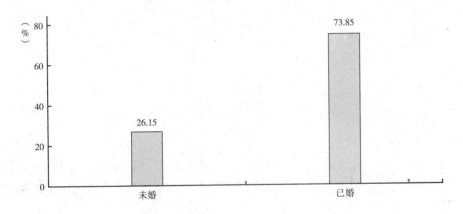

图 2－20　网商的婚姻状况

作的占 28.81%，务农的占 27.12%（见图 2－21）。

开店之前的个人平均月收入在 1001～3000 元之间的占大多数。其中，个人月收入为 1001～2000 元的占 31.67%，月收入为 2001～3000 元的占 33.33%，无收入的占 15.0%（见图 2－22）。

开店前，沙集网商的家庭平均月收入分布在 1000～5000 元，其中，家庭无收入的占 5.17%，月收入 1000 元以下的占 17.24%，月收入 1001～2000 元的占 20.69%，月收入 2001～3000 元的占 18.97%，

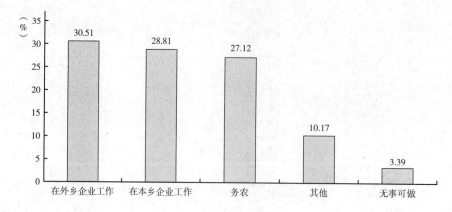

图 2-21 开店之前的职业

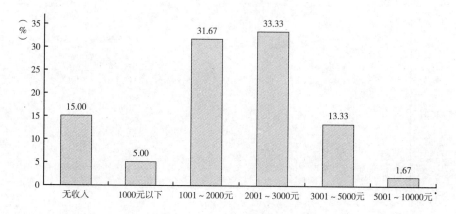

图 2-22 开店前的平均月收入

月收入 3001 ~ 5000 元的占 22.41%，月收入 5001 ~ 10000 元的占 8.62%，月收入 1 万元以上的占 6.90%（见图 2-23）。

4. 开店动机多样化

沙集农民网商开店的目的多种多样。本次调查显示，沙集网商开店的核心驱动力是看好网店的发展前景（50.0%），其次是尝试创业（27.4%）、发家致富（22.6%）、看别人开而跟着学（14.5%）、找到一份可以养家糊口的工作（14.5%）、个人兴趣（8.1%），如图 2-24

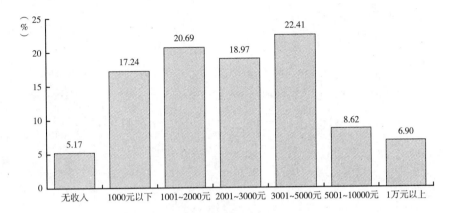

图 2 – 23 开店前的家庭月收入

所示。这些数据表明：首先，沙集农民的商业意识比较强，有对商业机会的认识和把握能力；其次，网店是可供农民选择的创业和就业途径之一；最后，网店经营和年轻人对网络的痴迷和热爱能够有机结合，开网店不仅是收入来源，而且能和个人兴趣紧密结合。

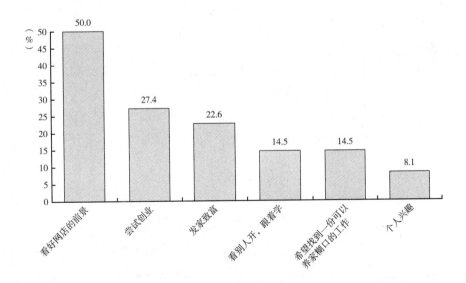

图 2 – 24 网商们的开店动机

5. 生产销售一条龙

在东风村，网销主要有三种模式：加工 + 网销、单纯加工、单纯网销。目前，沙集镇内已拥有家具生产厂 180 余家。东风村拥有加工厂也已经超过 100 家。不考虑生产加工规模的大小，按家数初步统计，三种模式所占的比例大致为 30% 、2% 、68% （见图 2 – 25）。

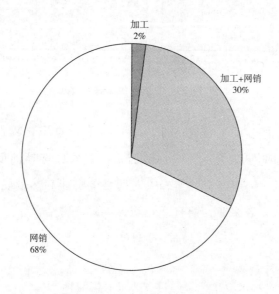

图 2 – 25　网店经营的三种模式

（1）加工 + 网销

"三剑客"刚开始创业的时候，没想过自己开厂，基本都是从家具供货商那里拿货。但是，供货商对三个年轻人不重视，常常是供货不及时，并且态度不好。心高气盛的三个年轻人于是决定建设自己的家具加工厂。购买设备，请木匠，于是东风村的家具生产厂陆续开工，并且越办越多。板式家具工艺并不复杂，生产成本也不高。小批量加工生产，也仅仅需要三种设备：电锯、压刨、砂光机。由于网店生意好，有的农户家里甚至开办多个加工厂。2009 年 8 月 30 日，孙寒投资

40万元,兴建了第二个家具厂。

(2)单纯加工

有一少部分农户,只做加工生产,不从事网店运营。例如,创世家具的主要运营模式是家具生产。该公司把精力全部投入加工生产,利用批量大生产能够降低成本的优势,为其他网商供货。该公司生产的主要产品有电脑桌、茶几、电视柜、鞋柜、梳妆台等。据悉,为了保证成本优势,每类商品都是最低一次生产50套以上。

(3)单纯网销

在沙集镇,大部分网商都没有生产加工能力。他们以销售家具为主,买家找上门,去工厂拿货就行,他们赚一个中间的差价;或者按照买家的需求,请工厂代加工。这类网商把精力全身心投入到客户服务和市场营销中,因此,他们的口碑和信誉常常更好。村民全阿姨家开了3个网店①,每个的信誉都有三四钻了。大学生返乡的夏河山也没有工厂,他把全部精力投入到网店运营中,他自称采取的是零库存的代工模式。

(二)高速发展,在多个领域实现三级跳

沙集镇本没有家具产业和相应的任何优势资源,但是它的家具网店生意却从无到有,从小到大,发生了质的飞跃。4年间,从"三剑客"起家到现在,全镇农民网商规模已经超过600余户。网销规模已经达到3亿元,并且每年的销售增长率都超过100%。见表2-1所示。家具产业链从无到有,直到今天形成稳定、健康的生态系统。要不是调研者亲眼所见,根本无法相信这一切就发生在这么一个普普通通的乡村。用沙集镇党委书记黄浩的话说:"我们虽然身处其中,但是每一

---

① 《钱江晚报》:《睢宁县淘宝村:整村农民"二指禅"打字开网店》,2009年10月16日,http://www.chinanews.com.cn/cj/cj-jjyw/news/2009/10-16/1913851.shtml.

次去都会感觉到有新的变化，新的喜悦。"

沙集家具网销业呈现快速发展。短短的三年时间里，在多个领域实现三级跳。

表 2 – 1   网销规模及增长速度 1

时间	销售额（亿元）	增长率（%）
2008	0.5	
2009	1.2	140.00
2010	3.0	150.00

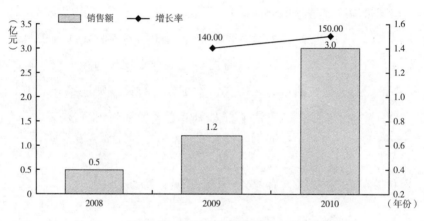

图 2 – 26　网销规模及增长速度 2

（1）工厂规模三级跳

● 一级跳

以家庭成员为主，用几十平方米的场地，购买几万元的设备，满足自己网店的供货。

农户胡翠英是村上的贫困户，家庭收入主要来源为种地和丈夫打工所得，供养两个孩子读书很吃力。一开始，胡翠英独自经营了家庭小作坊，结果不到一年时间就还清了几万元孩子上学的欠款。2010 年初，丈夫和孩子都回来参与网店和家具厂的经营。

图 2 - 27　农户家摆放的原材料

图 2 - 28　农户胡翠英与专家交流网销情况

● 二级跳

建设几百平方米的专业厂房，购买几十万元的设备，雇佣十几名工人。

创办三实家具的刘兴利硕士学历，是东风村学历最高的秀才。他曾经在徐州某集团公司当过副总经理，领导过 2000 多名工人。但是由于企业不景气，刘兴利离开工厂，回到家乡创办网店和家具厂。拥有多年的管理经验，他的工厂管理规范，并且正在潜心打造三实家具品牌。

图 2 - 29　刘兴利的加工厂 1

图 2 - 30　刘兴利的加工厂 2

● 三级跳

投资几千平方米的标准化厂房，购置上百万元的设备，雇工达到了五六十人。

硕研家具是东风村最大的家具加工企业之一。创办人为王朴、王跃兄弟俩，最开始，两人从事废旧塑料加工回收业务，后转型专心经营网店。为提升竞争力，2010 年，两家的家具厂和网店合并，成立徐州硕研家具有限公司。兄弟俩分工有序，一人负责产品生产，一人负责网店销售。该公司主要生产板式家具和钢木家具，初步预计年销售额可达到 500 万元。

图 2－31　硕研家具的厂房

图 2－32　硕研家具的库房

孙寒在 2007 年投入 10 多万元创办家具加工作坊，2010 年又投资 100 多万元升级为拥有现代化设备的加工厂，目前一年营业额 500 多万元。为了提高生产能力，目前，孙寒还在扩建新厂房，以满足源源不断的订单需要。2011年年初，一个大客户本来打算委托孙寒帮助加工，结果现场考察孙寒的工厂时，觉得孙寒的生产能力达不到，结果到手的订单飞了。这件事对孙寒的触动很大，他下定决心建设一座现代化的加工厂。如今，孙寒的加工厂不仅能生产简易家具，也能生产板式家具、实木家具。

（2）家具产品三级跳

• 一级跳：板式简易拼装家具

开始创业时，"三剑客"经营简单拼装家具，基本以木条和板材为原料，生产的家具有：鞋架、花架、书架等。网商们赚到原始资金后，购进成套家具生产设备，开始大批量生产难度较大的板式家具，如各式书桌、衣柜、茶几等。

图2-33 木条拼装的简易书架

• 二级跳：实木和钢构家具

随着从事网销业农户的增多，网商们发现板式家具市场竞争激烈，

图 2 - 34　加工好的家具半成品

图 2 - 35　简易板式拼装家具

利润不断降低。于是，一些网商转型从事实木家具加工生产。经营实木家具，不仅可以增加产品品质，提高产品差异化程度，还可以延长产品的生命周期，扩张利润空间。在尝试实木家具之后，又有网商开始投资从事钢构家具的生产。

图 2-36 实木家具1

图 2-37 实木家具2

- 三级跳：个性化定制

目前，东风村板式家具的利润空间大致有 10% ~ 20%，实木家具的利润空间大致 30% ~ 40%，而个性化定制家具的利润空间则有100%。全国各地的消费者只要自己画出草图，甚至只要提供文字性说明，网商就可以按需设计图纸，与用户沟通确认后加工生产。个性化定制能够最大限度满足用户的需求，达到"想要啥就有啥"的境界。

千意爱家居简约家具-实用笔记本/书桌/电脑桌/宜家风格钢木铁艺，

188.0元 ¥198.00元

已销售：8 件
★★★★★(已有1人评论)

千意爱家居-餐桌 椅子 书桌 电脑桌 餐厅桌椅

58.0元

已销售：2 件
★★★★★(已有2人评论)

图 2-38　陈雷网店（千意爱家居旗舰店）陈列的钢构家具

【鑫果】儿童滑梯床新款松木多功能儿童床衣柜儿童床M0950

【鑫果】新款学习桌儿童床书桌书柜床实木家具M0949

图 2-39　鑫果旗舰店展示的实木家具

个性化定制的出现，不但让买家在家具的选购上增加了选择面，也给网商增加了市场营销手段和产品创新的源泉。

图 2 - 40　个性化定制的图纸

图 2 - 41　个性化定制的半成品桌子

　　王鹏家的网店最先实现个性化定制，家里雇佣了一名手艺高超的木匠师傅，买家只要提出需求，木匠师傅就能画出草图，经过与买家沟通确认后，就可以下单生产了。个性化定制利润更高，因此在同质化竞争的市场，个性化定制被看作是一条有效出路。

　　孙寒经过几年的发展，已经走出了简单模仿"宜家"的初级阶段。

他聘请了专门的设计师，提出"您身边的家具定制专家"企业定位。在大批量生产的同时，加入个性化元素，以此来实现产品的差异化和竞争优势。

（3）产品创新过程三级跳

沙集镇的网销家具经历了模仿、改良和创造三个阶段。

网销家具的原始创意来源于宜家和韩式家具风格。孙寒在创业初期，就是受到宜家家具的启发。因此在网店早期的产品中，基本都可以看到宜家的影子。沙集网商在创业初期，可以算作是从简单的模仿起步。

随着网店生意的开展，网商们开始自觉地留意身边精美的家具和家庭装饰，一旦发现有好的设计，立即收集起来，并琢磨如何将好的创意融入自己的产品中。村里的王万军会计是个有心人，他就这样要求自己开网店的儿子：要认真观察生活，并且随身带着纸笔，及时把好的创意和火花记录下来。另外，随着网商与用户的不断接触，网商们基本了解了用户各种各样的需求，对市场有了初步判断。在不断积累和思考中，网商们通过改良，逐步形成了自己的设计，进而加工成产品，进入产品设计的改良阶段。

而如今，网店越开越大，网商积累了一定资金。在同质化竞争日趋严重的市场里，网商们逐步意识到创新才是进步的动力和发展的源泉。规模较大的木材加工厂都请了产品设计师进行专门设计，以提高网店产品的差异化程度和竞争力。有了自己的设计和工艺，网商们开始申请专利和商标。据不完全统计，2010年上半年，沙集镇网店注册的商标就达到了60余家。调查中，很多网商都表示，未来将把塑造自己的品牌当成企业的重要发展方向。

（4）产品大类多样化

首先是产品种类多样化。网销家具发展到今天，已经超越了单一的家具生产加工，新涌现了家居、乐器、装饰品等种类繁多的产品。网商们在经营中，逐步摸索经验，考虑到用户需求的多样性和市场同类竞争的风险性，不断拓展多样化的产品组合，以提高抗御风险的能力。一方面网商在家具领域纵向多样化扩张，从简易拼装家具扩展为板式家具、实木家具，目前还出现了钢构家具和软包家具；另一方面，网商们已经开始摸索在非家具领域实现横向多样化。例如，在陈雷的工厂里，我们看到了铁艺装饰品；在夏凯的网店里，陈列了各种型号的拖把。

其次是网络来源多样化。在沙集农民网店销售的商品中，有的是自家生产加工的产品，也有的是经销其他网店的商品。沙集网商有很强的市场意识，看到什么商品好销，就销售什么。尤其是没有加工厂的网店，不存在占用库存和资金压力。网店的商品只要行情看好，直接去邻居家订货或拿货就行了。调查显示，在网货来源中，家里自产的比例占54%，找工厂代加工的占49.2%，帮他人代销的占11.1%（见图2-42）。

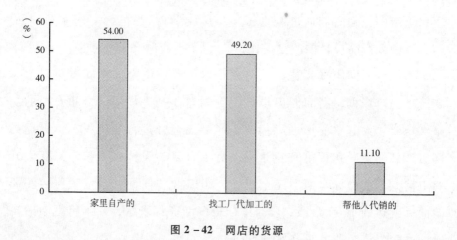

图2-42 网店的货源

最后是网店经营产品多样化。由于产品种类和网货来源的多样化，家家户户的网店商品琳琅满目。根据本次调查，平均每个沙集农民网店当日在线商品陈列数达到195个。其中，在被调查的53名网商中，陈列200～250个商品的网商最多，有10名网商；其次是陈列300～350个商品的网商，有9名，见图2－43所示。

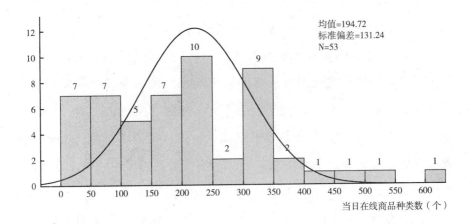

图2－43　网店商品的数量

（三）推动产业生态的形成和完善

沙集农民家具网销业，不仅带动了家具的生产和销售环节，同样催生和促进了家具网销产业链的形成和爆发式增长。与此同时，也推动了服务环境的完善和跨越式发展。

1. 网销带动产业链的形成和发展

沙集农民家具网销，催生并带动了木材、物流、零配件、网商服务、电脑销售和维修等产业链上下游企业的产生和快速发展。现在，沙集镇内已经拥有家具生产厂180余家、物流快递企业15家、板材贴面厂6家、家具配件门市2家、网店专业服务商1家。其中，物流企业的快递费用2010年可达3000万元以上。

（1）板材

沙集网销业从简易拼装板式家具起家，随着网销业的快速扩张，板材的销售量也井喷式膨胀。两三年前，沙集镇的木材是卖不掉的，而如今家家户户抢着要，抢不到还要到山东、安徽、湖南、广西等地购买。本地木材已经供不应求。根据物流商提供的数据，东风村每天运进3000张刨花板。仅木材采购额一项，2010年就超过三四千万元。从无到有，沙集镇内已拥有板材贴面厂6家。佳怡家具是东风村最大的板材加工批发点之一，主要经营板材贴面、板材批发，兼营网店。创办人文道兵在2008年敏锐地发现东风村的板材需求量急剧增加，便投资开创板材贴面和批发生意。目前，佳怡家具每天可供应1000多张板材。

由于木材资源有限，而需求却不断扩张，导致沙集镇的木材价格持续攀升。两年前，2.2米长、5厘米厚、10厘米宽的木方仅仅10元一根，而如今这种木方已经涨到18元。为了降低原材料成本，一些用量大的网商不得不到四川省等更远的货源地进货。

（2）物流

东风村家具网销的市场范畴已经囊括了全国各个省市。快递公司收集货物后，通常运往淮安，再从淮安搭乘火车、飞机或者轮船，送往全国（包括港澳台地区）。4年前，沙集镇只有1家物流公司；2010年，沙集镇的物流费用已经达到3000万元，网购占到全县货运量的60%，而其中东风村就占据一多半。小小的沙集镇上汇聚了15家国内知名的物流快递企业，如EMS、圆通、佳吉、天地华宇、申通、中通、汇丰、德邦等。

EMS公司从2006年开始正式为网商提供物流服务。此前，沙集镇的EMS在江苏省EMS业务中排名最后，而如今已经居三甲之列。从

2007 年的物流收入 2 万元、客户数 4 家,到 2010 年的 400 万元收入、客户数 640 家。如图 2–44 所示。沙集镇的 EMS 借网商的东风,实现了飞跃。事实上,根据项目组调研得知,EMS 在沙集现有的物流快递企业中,收入不是最多的。圆通、华宇、佳吉等的运费收入规模比 EMS 还大。

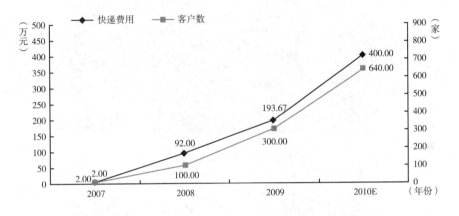

图 2–44 EMS 用户数和快递费用的增长速度

另一个数据也非常说明问题。"天天快递"告诉我们,他们在睢宁设了两个营业点,一个在县城,另一个在东风村。设在东风村的营业点运费收入每天 7000 元左右,而设在县城的营业点,1000 元不到。网销对物流快递业的拉动作用可见一斑。

每天下午三四点钟开始到傍晚,是送货、上货最繁忙的时候。9 吨、12 吨的集装卡车,通常都装得满满的。仅圆通一家公司就有 4 台运货卡车。

看到村里网店生意这么好,王为银没有跟风,而是独辟蹊径开起了货运生意。2009 年,王为银取得了圆通快递的代理权。开始只买了一挂 4.2 米的货车,可是慢慢地,货物盛不下了,于是他又添置了一挂。原本以为两挂车已经足够用了,结果没多久,又盛不下了,于是陆续又买了 6.2 米、6.8 米、9.6 米的货车。目前,王为银投资的货车

图 2 - 45　等待运送的货物

图 2 - 46　东风村的送货场景

价值就达上百万元。据王为银介绍，圆通每天要发送 1700 多件货物。王为银的爱人也在店里帮忙，她说店里每天都很忙碌，从早上 7 点一直忙到晚上 7 点；上午往北方发货，下午往南方发货。

不仅产业链逐步完善，产业上下游企业在竞争中还不断提升服务，降低价格。在物流服务上，为方便网商专心致志做网上生意，提高竞争力，快递公司会主动挨家挨户收货。"三剑客"之一的陈雷感慨地回忆说："现在的物流服务太方便了。在2006年，沙集镇一家快递公司也没有，每次发货，网商都需要骑摩托把货送到睢宁县城，不仅耽误时间，无形中也增加了配送成本。"服务提升的同时，快递业的激烈竞争也使物流服务价格一降再降。在2006年，沙集最便宜的快递价格是3公斤以下6元，超过1公斤增加1元，一件家具的物流成本甚至超过家具本身。而如今，江浙沪地区的价格已经降为15公斤以下5元，EMS也一改其高价的面孔降到6元。价格如此便宜，这在其他地区是不可想象的。

（3）家具加工厂

网点多了，销售量大起来，加工厂也多了起来。"三剑客"刚起步的时候，找一个家具加工厂非常困难。而如今，镇上已经有180多家家具生产厂。夏凯笑称："就连以前的煤球厂也改做家具了。"现在，家具厂主动上门找到网商谈生意。网商不仅拥有了市场，也拥有了产业链的主动权。

（4）五金配件

家具网销业的崛起，也带动了五金配件企业的发展。目前，镇上有2家五金配件门市。第一次调研时，东风村圆通快递对面有个30平方米的小门市，老板叫沙俊超，专门为网店提供金属配件。开业不久，每个月的销售可达15万元，一间30平方米的店铺已经被货物堆得满满登登的。两个月后我们再次回访时，老板已在边上把门市扩大到了3间，每天同时为80家网店供货。每天营业额大致能达到1.5万元，一个月下来，能赚两三万元。

（5）废旧纸箱回收

为了保证家具途中不受损，配送家具的包装物都是一定厚度的包装箱。网销家具包装用量大，周围几个镇的废旧纸箱源源不断地向沙集镇集中。而废旧纸箱的批发价格也随着家具网销业的成长而水涨船高。为了降低成本，网商通常批量购进废旧纸箱。2006 年，旧纸箱的批发价是每斤 4 角 5 分，2009 年上半年涨到 9 角，如今已经是 1 元 1 角。网商们担心旧纸箱价格还会上涨，纷纷采取囤积策略。按照这种趋势，网商们预计 2011 年废旧纸箱价格要涨到每斤 1 元 3 角。

6）网商服务商

2009 年以来，网商服务业蓬勃发展。网商服务商可以利用资源和经验优势，为网商提供更专业的解决方案，高效解决网商发展中的难题。面向网商提供服务和产品的服务商明显增加，服务模式不断推陈出新。在 2010 年 9 月举办的第七届网商大会上，不仅评出了"全球十佳网商"，还产生了"最受网商信任的十大外包服务商"。在沙集这片网商沃土上，网商服务商也应运而生，使得整个网销生态链不断完善。

图 2 - 47   网商服务商的广告

来自上海的赢天下网络服务公司在 2010 年 11 月悄然开业，专门代理注册淘宝商城事宜，还提出了"15 天入驻淘宝商城不是梦"的口号。

2. 服务环境的初步形成与互动

家具产业链的红火，同样推动了电力、银行、电信等服务商的发展。

根据沙集镇供电部门的统计，仅在 2010 年 1～9 月，供电所增加动力用户 155 户，其中木材加工 65 户。同期的动力电还比上年同期增长 67%，增长的主要驱动力是木材加工。不仅供电量增长迅猛，网商们对电力的稳定性也提出了更高的服务要求。由于电脑需要 24 小时在线服务，对电力系统的可靠性要求更高。于是，东风村的村民提出了改造电网的要求。目前，东风村的农网经过改造，已经由 2000 年的村级变压器 4 台 280 千伏安，升级到 2010 年的 27 台变压器 3390 千伏安。

在其他乡镇，电信局、移动公司要拓展宽带业务，都要请用户吃饭、靠关系、靠面子才能发展起来。但是在沙集镇，装宽带必须要排队，因为农民装宽带的业务需求量太大了，而电信的基础设施建设一时还不能完全满足。

农户开网店，购进原材料需要大量资金，除了使用家庭存款外，贷款也是资金来源途径之一。根据沙集镇邮政银行数据，从 2010 年 5 月 17 日到 10 月底，已经贷款 700 万元给当地网店。单户最大贷款额为 10 万元，5 户联保贷款额为 50 万元。农村信用社也调整了贷款政策，把沙集镇评为信誉村，在服务和利率上给予最大优惠。

3. 社会环境更加安定和谐，村民更加幸福

（1）满足了农民多样化的社会需求

农民开网店创业，对个人生活产生了巨大影响，不仅解决了收入和温饱问题，还带来了幸福和快乐，甚至是实现了个人价值。当前中国社会，农民工问题已经成为社会热点话题，大批农民进城从事非农工作，却未改变农民身份。农民工大多做着最苦最累的工作，却拿着较低的工资，而且工资被拖欠的现象严重。农民工在城市工作，却很难被城市认同和接纳，受到社会的排斥和歧视，享受不到和城里人相同的待遇和权利，由此产生了一系列问题。沙集农民的成功创业，让返乡的农民工找到了生存的价值，找回了自信和尊严。睢宁县县长王军分析这种变化时说："在东风村，城乡关系发生了巨大变化，城里人给农民打工，农民开始给城里人发工资。"①

在被调查的沙集农民网商中，51.6%的网商认为开网店解决了自己的就业和创业问题，48.4%的网商认为开网店实现了个人价值，40.3%的网商认为家庭生活水平显著提高，37.1%的网商认为自己更熟悉网店运营了，32.3%的网商认为开店带来了事业的成就感，27.4%的网商认为使自己的生活更加充实、更加幸福，22.6%的网商还因此交到了朋友（见图2-48）。

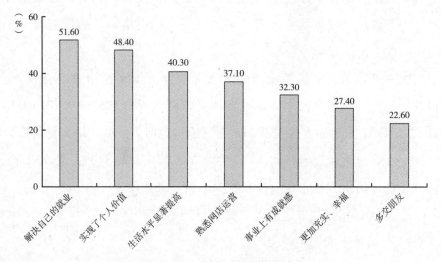

图2-48 开店对村民的影响

---

① 睢宁县政府网站：《举一反三 "沙集模式" 创新更多创业路径》，2010年12月13日。

刘兴启家是村里较为困难的一户,由于在村里谋生困难,20 世纪 90 年代一家五口随打工的人潮来到宿迁市,靠加工熟食为生。1994 年因为他们忙于生计,无暇照顾孩子,单独在家的 4 岁的小儿子被入室抢劫的歹徒杀害。这让他们一家人情感上倍受打击,离开宿迁又流落到徐州,靠卖早点艰难度日。每天凌晨 1:00 就要起床备餐,辛辛苦苦赚不了几个钱。女主人王允侠说,他们为了省钱,有一个月就是吃水煮菜,没吃一滴油。女儿考上了县城的高中,却因为没钱弃读。儿子交了 4 年的女朋友,因女孩子的妈妈嫌他们家穷强迫他们分手,一家人的自尊受到伤害。2007 年,听说村里的人开网店赚了钱,他们也回到家乡,学习乡邻开起了网店。原来调皮捣蛋的儿子,现在挑起了家里的大梁,一个人打理网店,不识字的妈妈帮他发货,憨厚的爸爸自己做了简单的工具为他按顾客需求加工。因为他们的产品有特色,利润较高。很快每天就能赚到 200~300 元,现在每天已经能赚到 1000 多元。2010 年 6 月,他们的儿子刘永和当地的一个漂亮姑娘结了婚。婚礼花费了十几万元,刘妈妈感慨地说:"要是像现在这样能挣到钱,当年她的女儿就不会辍学了。"

(2)解决农村"留守"问题,村民更加幸福

以往的沙集镇,年轻人成群结队地到大城市打工,春节带着有限的打工收入回家过年。年轻人进城打工后,留下老人、妇女和小孩。一项针对农民工的调查显示[①],一年内仅在春节返乡的高达82.3%,还有 17.7%两到三年才回来一次。年轻人出去打工后,村子里到处是"空巢"家庭,老人生病没人照顾、孩子上学没人接送,妇女独守空房。留守父母、留守妇女、留守儿童现象的存在,带来了社会伦理等

---

① 昆明信息港:《农村留守儿童缺乏亲情 八成父母一年仅回家一次》,http://edu. kunming. cn/index/content/2010 - 08/14/content_ 2263691. htm,2010 年 8 月 14 日。

诸多方面的问题。一项关于留守妇女的调查显示①，目前全国有 8700 万农村留守人口，其中有 4700 万留守妇女，留守妇女占留守人口的 54.2%。繁重的家务和负担，让留守妇女缺乏安全感、精神极易空虚。留守儿童的生存状况也不容乐观。亲情关系缺失对留守子女的心理健康、人格发育，乃至学习成绩等产生了严重影响。有的留守儿童和社会闲散人员交往，甚至成为问题少年。没有父母关照的女孩子，还常常受到骚扰。留守老人不仅要从事繁重的体力劳动，还要承担着抚养孙辈的职责。留守老人不仅生活质量差、缺少生活上的照顾，还缺少精神上的慰藉。

沙集镇红火的网销业，吸引了众多外出打工农民和大学生返乡创业。在 TCL 从事质量管理的杜鹏回来了、在徐州大厂担任高管的刘兴利回来了、在海南三亚拥有出租车的沙庆回来了、在上海从事工程管理的王鹏回来了、在厦门做绘图师的孙坡回来了，大学毕业的夏河山回来了……如今，年轻人再也不用跑到城市去打工。这样一来，返乡创业者一多，每年的春运运力不足的问题，农村留守问题，农民工工资拖欠问题，社会治安问题等都迎刃而解。而且，农民开网店能切实地增加收入，实现在家致富。

夏河山是一位返乡大学毕业生，2009 年他返乡创业。2010 年，他的营业额达到 100 多万元，利润率超过 10%。他特别满足，不仅收入比大城市的白领还多，而且还能守在自己的父母身边。

42 岁的木匠刘昌明现在孙寒的家具厂里上班。"每月收入 2000 多元，和在上海、北京等地打工时一样多。"事实上，由于镇里物价低，而且没有租房等花销，每年还能在银行存上一笔钱。刘木匠

---

① 新华网：《关注农民工背后的女人们：留守妇女生活状态调查》，http://www.chinanews.com.cn/gn/2010/08‒24/2486521.shtml，2010 年 8 月 24 日。

满脸幸福地补充道："厂子离家只有几分钟的路，老婆孩子都在身边。"

夏凯新招的女会计也是本地人，是夏凯从宿迁人才网上挖到的。她之前在昆山一家台资企业做会计，每月两三千元工资。"这里的工资没昆山高，但孩子大了，作为妈妈，我希望能在孩子身边。"① 夏凯厂里的一个技术木工，也是在夏凯生意做大后，两年前过年回家而留下来："原来在外面跑摩的，辛苦又奔波；现在掌握了一门手艺，还是在家门口干活。"

曾经在上海从事工程管理工作的王鹏说，在上海打工期间，除掉在外房租和日常花费，工资已经所剩无几，并且，由于四处奔波，和女朋友聚少离多，大城市的生活并没有想象的那么美好。如今，王鹏已经带着女朋友回家共同创业。王鹏感慨地说："原先一直觉得父母供自己读大学，就是为了跳出农村，多挣钱，在城市里过上好日子。但是后来发现，家乡的网店发展机会更多。原先，村里的人都羡慕自己家里出了两个大学生，现在，村里比的是谁家的网店效益好。"

陈奎在镇上经营一家小汽修店，同时经营 5 家网店。他每天从网上接单后，就转给加工厂发货。他说，这种生活一举三得，开网店的同时，既能照顾汽修生意，田里的庄稼也不会丢下，年纯收入能达到两三万元。更重要的是，与往年外出打工相比，还能与妻儿生活在一起。

沙集镇党委书记黄浩看来，网销业让农村有活力了，邻里之间的关系也和谐了："在没有网店之前，老百姓就是种地、外出打工，农村留下的都是老人妇女。有了网店之后，这个地方充满了生机和活力，

---

① 王小乔：《一个贫困县村庄的打工变迁史》，《南方周末》2011 年 3 月 3 日。

早上农村的道路上熙熙攘攘非常热闹，大姑娘小伙子要么是去做客服，要么是去做工，骑着电动自行车、摩托车和城里人一样去上班，所有人都有事儿干了。农民借助网络在自己家里创业，一家人在一起团聚和和美美，农民的这种幸福指数显著提升了。"

（3）乡邻之间的关系更加安定和谐

由于网店生意，镇上原本无事可做的年轻人都成了忙人。村上的年轻人都暗暗较劲，比试谁的网店信誉更高、谁的销售量更大。网商忙起来，经常是连亲戚的喜酒都顾不上去喝，只托人代送个红包。东风村老支书王维科形象地说"家家户户有事做，人人手里有猴牵"。根据派出所提供的数据，东风村自 2008 年起，治安案件数量明显减少，打架、偷盗等治安案件已经销声匿迹。镇上负责司法工作的孙主任说，2010 年前 9 个月，全镇调节村民纠纷 140 件，而东风村只有 2 件。如图 2-49 所示。

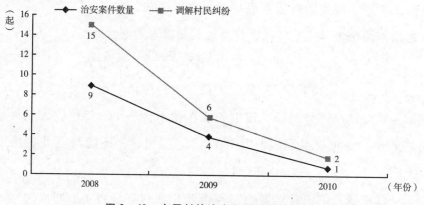

图 2-49　东风村的治安和纠纷案件数量

孙主任还介绍了这样一个案例。东风村的一个小伙子，订婚了但是没有领证，送给女方 6 万元彩礼。后来双方解除婚约，男方诉讼要求返还 6 万元彩礼。孙主任说，按说小伙子胜算在握，然而，就在小伙子去法院听候裁决的路上,不断接到网店客户的电话,要求订货。于是,小伙子干脆放弃了即将到手的返款,匆忙办了撤诉手续,回家专心致志地经营开店。新上任的村书记王敏说:"手头宽裕了,人的素质就提高了,有些事情也就不那么计较了。"

根据孙主任提供的数据,五年来,全镇"两劳"人员重新犯罪率为千分之一,然而东风村一个也没有。回访发现,东风村的"两劳"人员回乡后,人人都创业或就业。有了钱,有了工作,精神状态就不一样了。网络销售,推动经营者不断学习和应用知识,人的素质自然不断提高。EMS 的王经理讲了这样一个案例,有一位"两劳"回归人员开立一个网店。EMS 平时的结账规则,都是先运货,月底结账。可是 EMS 开始不敢给他赊账,后来有人出面担保,EMS 才承接了这个网商的业务。然而,当第一个月,EMS 心存顾虑上门收取运费时,该网商早已经一分不差地准备好了运费。EMS 如释重负。此后,这个网商交运费都是最准时,从没出现过一次拖延。据 EMS 介绍,他的生意很好,每月仅 EMS 的运费就 4000 多元。

2010 年,东风村光荣地获得了"民主法治示范村"称号。

(4)网销推动包容性增长,为解决我国城乡数字鸿沟问题提供借鉴

网商群体中,既包括了返乡大学生,还囊括了文化程度不高的村妇;既有 20 多岁的年轻人,又有中老年人。网店雇佣人员中,既有经验丰富的木工,也有刚走上社会的毛头小伙子,经营网店的甚至还有 70 多岁的老人和残疾人。网店经营中,年轻人负责打理网店,老年人和残疾人同样可以从事简单的包装、打磨工作。农民们在网店生产经营中各得其所,既获得了丰厚的收入,又实现了个人的社会价值。

网销使沙集农民分享到了现代科技进步带来的商机。像城里人

一样，农民拥有了最好的信息技术、功能最强大的计算机，最方便的网络服务。并且能够利用这些工具，参与商务生活，成为电子商务和价值链的主人。网销使农民从弱势群体跃升为网络应用的主体。他们通过网络连接全国的大市场，带动了当地整个家具网销产业的蓬勃发展。中国互联网信息中心发布的《2009 年中国农村互联网发展状况调查报告》显示：互联网在城镇的普及率为 44.6%，而在农村仅为 15%，城乡数字鸿沟明显，并且有进一步加大趋势。而沙集农民尝试网销家具取得成功，他们凭借自己的聪明和勤劳，填补了数字鸿沟。沙集农民的网销实践，为我国解决数字鸿沟问题提供了有益的借鉴。

刘兴启，49 岁，曾经是在徐州做装潢的农民工，他开着一个叫"土老帽"的网店。谈及自己的网店名字，刘兴启相当自豪："我的网店名字起得好，买家对它有好感、也好奇。买家会觉得我人实在，说明我们的产品不骗人。"虽然刘兴启只有小学文化，可是他却开着四家网店；别看他的网店叫"土老帽"，但是他卖的却是时尚简易家具，并且他的产品已经远销韩国和日本；他不会打字，就用手写板，与买家顺畅沟通。在他看来，一个土老帽农民，坐在家里就能把产品销售到全国大市场，真是个奇迹。不仅如此，做网店让他的生活状况发生了翻天覆地的变化。原先的猪圈已经改造成家具加工厂，收入显著提高，每个月收入都上万元，甚至比当初外出打工还高五六倍。

在沙集镇，不仅年轻人开网店挣钱，也有年逾古稀的老人，通过开网店找到了人生乐趣。周为山，今年 70 岁。他不会拼音，也不会打字。只会写繁体字的他，开着 3 家网店。不会打字，他就让亲戚帮助买了一台能够识别繁体字的手写板。就是这个手写板，成为他沟通用户的桥梁，成为他在网店上卖货的工具。令人惊叹的是，周老伯的网

图 2 – 50　刘兴启正在和买家谈生意

图 2 – 51　刘兴启的网店招牌

店生意居然出奇地好。这与他的勤奋和真诚分不开。每天早上 4 点就起床，一直忙活到深夜。后来，由于劳累过度，眼睛一度失明。给周老伯看病的大夫很奇怪地问他："看你这眼睛，既不是青光眼，又不是老花眼，咋回事呢？是看电视弄的？"周老伯回答说，看电脑弄的。大夫无论如何都不敢相信这么大年纪的农村老人竟然整天看电脑，而且还是在从事网店生意。2009年，儿子周波和媳妇回来帮忙打理网店，周老伯彻底退居二线，但是闲不住的他仍然每天天不亮就起床帮助打理工厂。他常说的一句话就是："人活着要有心劲，累也高兴！"

图 2-52 周为山正在包装货物

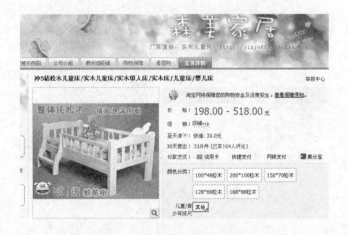

图 2-53 周为山开的森美家居网店

第三章 "沙集模式"及其意义

一 什么是"沙集模式"

（一）什么是"沙集模式"？

"沙集模式"是对"沙集现象"的理论提升，透过"沙集现象"总结"沙集模式"，其必要性在于只有透过现象力图探索和把握其中的规律，才能够将其进行推广，从而便于别人学习和借鉴。

沙集模式是农村经济中信息化带动产业化，产业化促进信息化的典型。具体讲，沙集模式的核心是"网络＋公司＋农户"。其中，农户是主体，公司是基础，网络是龙头。在"沙集模式"中，家庭经营的农户是发挥主导作用的主体，实体公司是农村产业化的基础，而电子商务平台所代表的互联网则是带动农村产业化的引领力量。沙集模式是信息化带动工业化，工业化促进信息化的现代化道路在农村的具体体现。

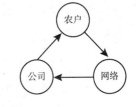

图 3 - 1 "沙集模式"示意图

首先，沙集模式指的是这样一种模式，即农户自发地使用市场化的电子商务交易平台变身为网商，直接对接市场；网销细胞裂变式复制扩张，带动制造业及其他配套产业发展，各种市场元素不断跟进，塑造出以公司为主体、多物种并存共生的新商业生态；这个新生态又促进了农户网商的进一步创新乃至农民本身的全面发展。"农户＋网络＋公司"相互作用、滚动发展，形成信息网络时代农民的创业致富新路。

其次，"沙集模式"中的三大要素，都具有自身的特殊性。这里的农户，不再是与大市场相隔离，只能依靠别人提供的信息，或靠惯性被动盲目生产的弱势小生产者，而是在自己家中就可以直接对接市场、主动掌握信息，自主经营按需生产的平等的市场主体；这里的公司，不再是外加在农村经济之上、控制农户生产经常与农争利的传统公司，而更多是土生土长的，由农户变身而来的新公司，以这种新公司为基础吸引其他市场元素跟进，形成了一个为农户网商服务共生多赢的新生态；这里的网络，不是由政府主导、国家投资、官办机构管理、农户却不太买账的信息网络平台，而是以淘宝为代表的市场化的公共电子商务交易平台，农户从事网销既不要国家财政投入一分钱，自身应用成本又低、且实效显著。

此外，"沙集模式"三大要素间存在逻辑关系。其中，第一个环节是由农户到网络，体现了"沙集模式"是农户自发、主动地应用既有的公共电子商务平台的特点。这是一种来自草根的、自下而上的信息化应用，区别于那种常见的由政府主导、自上而下的电子商务推广模式；第二个环节是网络到公司，体现了"沙集模式"由网销带动加工制造，以信息化带动工业化和农村产业化的典型路径特征，区别于那种农村常见的"先工业化、再信息化"的发展方式，或电子商务不改变原有生产结构只作为辅助销售手段的应用模式；第三个环节是公司到农户，体现了"沙集模式"以公司为基础、以市场化的新生态服务并促进农民网商进一步成长的关系，区别于以前公司凌驾于农户之上的不平等关系。三个环节循环往复，像滚雪球一样，推动沙集这个以网销为龙头的产业群快速发展壮大。

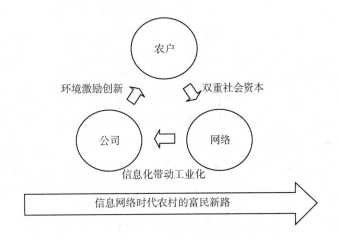

图 3 – 2　"沙集模式"及三要素

最后，"沙集模式"在农户与网络的关系上，体现的是双重的社会资本，其中一重是农村特有的社会土壤；另一重就是市场化电子商务基础设施的网络外部性形成的社会资本。双重社会资本加在一起，为农户利用网络、对接市场和快速复制提供了良好的条件。网络与公司的关系上所体现的，就是中央政策 10 年来一直提倡的"两化"融合共进，信息化带动工业化的关系。在沙集，它表现为网销带动工业制造，制造加工促进网销，进而形成良好商业生态，带动农村产业化的过程。在公司与农户的关系上，则体现了良好的市场新生态或市场环境激励农户进一步创新和全面发展的关系。而"农户＋网络＋公司"的滚动发展，其实就代表了"沙集模式"所展现的一种信息网络时代农村的富民新路。

（二）"网络＋公司＋农户"与"公司＋农户"模式的区别

1. 什么是"公司＋农户"模式？

"公司＋农户"模式主要是指以市场为导向，在龙头企业的带动下，企业与农户签订合同，进行特定形式的合作，形成农工商一体化的产业链。

"公司＋农户"经营模式始于20世纪80年代，随着家庭联产承包责任制的实施，确定了农户在农村经济中的主体地位。然而，农民在生产经营中，面临农产品销售渠道不畅和农产品生产的盲目性问题。于是，"公司＋农户"应运而生。它的特点是龙头企业把小规模和分散的农户与国内外大市场衔接起来，采取与农户签订合同、定点收购农产品等合作形式，部分解决"小农户"进入"大市场"而带来的交易成本过高问题。

2. "公司＋农户"模式存在的问题

在"公司＋农户"模式中，农户对龙头企业是一种依附和依赖关系，农户在生产经营过程中没有话语权，在市场交易中处于被动不利地位。因此，农户的利益得不到保障。当市场有风吹草动的时候，受损失的往往是处于劣势的农户。这也是"倒奶""杀牛"等极端事件时常出现的原因。

商务部信息化司聂林海副司长也认为，"公司＋农户"模式最大的问题是农民无法与市场对接，处于弱势地位。公司因为掌握了市场而有能力跟农民争利，农民没有定价权，导致农民获得的利益很少。

3. "网络＋公司＋农户"与"公司＋农户"模式的区别

"网络"要素的加入，使得以"农户＋网络＋公司"为核心"沙集模式"彻底改变了"公司＋农户"这样一种农村生产的基础结构。对于解决农村经济问题,具有划时代的引导意义。在沙集模式中,农户成为整个产业链的主角,他们直接对接大市场,服务用户,根据消费者需求调整产品设计和生产。不仅自身发展壮大,逐步成为市场经济中的一个大公司,还带动整个产业链的其他企业共同发展。中国社会科学院农村发展研究所所长张晓山认为,农民直接和市场进行对接,把很多中间环节的费用省去了,相对来说农民在交易中的地位得到了加强。

在两种模式中,农户的角色、地位、权利、风险等方面差别较大,主要区别见表3-1。

表3-1 农户在两种模式中的角色比较

	"公司+农户"模式	"网络+农户+公司"模式
角色	低端(生产、养殖)	中高端(决策+生产+营销)
地位	被动地位(被给订单、被辐射、被带动)	主导地位(直接服务客户,拿到订单、辐射、带动产业链上其他企业业务)
话语权	无:公司拉动农户	有:农户带动公司
面向消费者	否:不了解市场	是:了解市场需求,直接服务用户
商品定价权	公司和消费者	消费者和农户
风险	大(被动地位、不了解市场,自然风险)	小(主动地位,了解市场)
创新	无:重复性生产、养殖	有:产品创新、设计创新、模式创新
品牌	无:大公司拥有品牌	有:网店、商品、店主
产品附加价值	无:原材料或初级加工品	有:产品、品牌、服务
利润	微薄	大,自己掌控
产品	原始农牧渔林产品	不仅局限农牧渔林产品,还包括多样化、个性化、差异化的工业产品
农户发展趋势	单一:依然是农户	多元化:农户、小公司、大公司

二 "沙集模式"的特点

"沙集模式"的主要特点及创新之处,体现在以下六个方面。

1. 以家庭为基本单位

沙集农民网商发展的一个重要特点是以家庭为经营单位。根据百度百科的解释："农民家庭（即农户）是农村中以血缘和婚姻关系为基础组成的农村最基层的社会单位，农民家庭既是一个独立的生产单位，又是一个独立的生活单位。"[1] 以家庭经营为基础，可以极大地激发农民积极性，家庭成员共同劳动，风险共担，利益共享，体现了真正的"同舟共济"。另外，农村家庭拥有自主经营、"船小好调头"的优势，网商可以随时根据市场需求，调整产品和价格。

沙集的农民家具网销业务基本都是以家庭为单位，最大限度地发挥家庭经营的作用。家庭在网店经营中扮演了重要的角色：网店的资金来源、网店的经营地点及加工厂场地来源、网店员工来源，基本都依赖家庭。

本次调查表明，东风村网店的启动资金来源主要依赖于家庭存款。74.58%的被调查网商的开店资金来自家庭存款，13.56%开店资金来自私人借款，11.86%来自银行或信用社借款，如图3-3所示。

在家庭人员分工上，年轻人通常负责网店经营，父母负责帮忙包装、打零活。从经营场地来看，除了规模较大的网商租用宽敞的厂房，大多数网商还是在家从事网销家具的生产和经营。年轻人通常在房间里打理网店、服务客户、获得订单。家具加工生产则在自家的庭院里完成。随着规模的扩大，一些农户还逐步把自留地建成简易厂房。沙集镇农民网店的实践再次说明[2]，农村家庭经营可以和一切生产力水平相适应，它不仅仅是低生产力水平下的最佳选择，也可以与现代化大生产妥善地对接。

---

[1] 来源：百度百科，http://baike.baidu.com/view/822927.htm。
[2] 刘化：《必须重视家庭经营在农业产业化过程中的地位和作用》，《湖北社会科学》2002年1月。

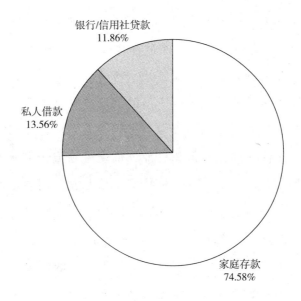

图 3 - 3 网商开店资金的来源

在孙寒创业初期,他的爸爸孙德强坚决反对,认为儿子整天摆弄电脑,就是贪玩,用他的话说:"电脑能干啥,电脑就是玩玩而已。"而如今,看到儿子的生意那么红火,而且还带动了整个东风村的网店生意,孙德强非常为儿子自豪。当他看到儿子不仅要忙活自己网店的生意,还要张罗网销协会的事务,为了不让儿子过于辛苦,孙德强联合老伴,自愿给孙寒的网店帮忙。

东风村会计王万军一家也开网店和家具厂。一年多前,王会计投资 6 万元购买了一套家具生产设备。他把在苏州打工的儿子和女儿分别叫回家经营网店。儿子负责接单,女儿负责客服,老伴和儿媳负责包装。家具加工厂则设在自家的小院里。开网店不仅赚到了钱,而且家人团聚,一家人再也不用天各一方地相互挂念。

2. 核心网商是返乡创业的农民工

网店经营的核心主体是返乡创业的农民工。前几年,东风村农民到大城市打工的人数达到 1500 人。而如今，这些农民工纷纷返乡，通过网销家具创业或就业。农民工通过在城市务工的机会，开拓了视野，通过参加工作技能等培训，积累了技术经验和创业资本，为回乡创业创造了条件。尤其是外出打工大学生的返乡，更是提升了当地网商的整体素质水平，为网销业的更大发展提供了人才保证。创业者通过努力经营，开拓了沙集镇家具网销产业，带动了物流、木材等相关产业在当地的发展，推动了资金、先进技术等企业资源向该地区集中，有力地促进了村镇经济快速发展，推动了工业化、城镇化进程。

农民工回乡创业还大大拓宽了农村就业的渠道。就业是民生之本，是增加农民收入的关键。如果按每户雇佣 5.7 个农民工计算，东风村就吸纳了上千名农民进厂务工。家具网销业属于劳动密集型企业，这为当地富余劳动力的就地转移和增加收入提供了新的、广阔的平台。

农民工返乡，还解决了"空巢"和"留守"等社会问题，促进了社会和谐。

3. 自发性，自下而上的草根特征

"沙集模式"的产生和发展，源于农民的内在的自发动力。而自发性是网商涌现的源头。不管是发起者、复制者、转型者，还是兼营者，都受到内生动力的驱动，所有的经营行为都是自发自觉的市场行为，完全按照市场需求运转。当地政府并没有以任何行政命令手段进行干预，甚至调查组在当地调研时，有些地方领导竟然第一次听说"沙集现象"。调查数据同样印证了网商来源的自发性。在本次抽样调查中，当问及初开网店的动机时，50.7% 的网商认为是因为看好网店的发展前景，27.4% 的网商是想尝试创业，22.6% 的网商是想通过网店发财致富，14.5% 的网商是看别人开，跟着学，14.5% 的网商是希望找到一份可以养家糊口的工作，8.1% 的网商是出于个人兴趣爱好。从以上数据不难发现，沙集镇网销业的产生和崛起，完全是出自于当地农民内生的、自发的想法和行为。

生态链上其他节点的企业，同样是因为他们看好农民网商的发展前景，自发自觉地聚集到沙集镇，通过各自的服务，分享产业盛宴。于是上百家家具生产厂、十几家物流公司，甚至是村民们头一次听说的网商服务公司都在村里开花结果。恰恰是这种在价值规律支配下的内在利益驱动，使得沙集网商和产业链企业能够自发地寻找到最适合自己的生产经营方式，并且能够快速复制、合理配置资源、努力经营，最终营造出和谐、健康的沙集镇网销产业生态系统。

谈到"沙集模式"自发性产生的原因，阿里巴巴集团副总裁梁春晓认为，电子商务环境日趋成熟，农民网络应用日益普及，农民通过网络做生意是必然也是发展的大势所趋："这是一个或迟或早；或者在这个地方，或者在那个地方必然发生的现象。"

4. 信息化带动产业化

网络销售催生了沙集镇家具产业的产生和成长，成为信息化带动工业化的典型。沙集镇原本没有家具加工业，也没有资金、木材、交通等资源和区位优势。通过几个农民自发开网店销售简易拼装家具，更多的农民参与模仿复制，出现了更多的网店，更多的大大小小家具加工厂应运而生，家具业从无到有。网销家具业带来了大量原材料、物流、零配件等的需求，于是其他产业元素陆续跟进，带动了产业链上下游的发展。整个网销产业链和生态环境逐步形成。环境的完善，激发了更多的农户参与网销家具业，整个网销家具业不断拓展，规模迅速扩张，推动了整个农村经济社会的健康发展。

"沙集模式"与其他农村电子商务模式有本质差别。沙集模式是信息化带动工业化，明显区别于其他几种农村电子商务模式。江苏沭阳农民的花卉网销市场也做出了相当规模和影响力，但是它的特点是借助当地 30 多年的传统花卉产销的优势，仅仅是把网销作为营销渠道之一。再如义乌的小商品网销村，它的崛起也是借助义乌小商品流通的优势资源，把传统店铺搬到网上而已。而"沙集模式"却是通过网销，带动了一个全新产业的产生和崛起。按照工信部信息化推进司安筱鹏处长的诠释："信息化对于工业不仅仅是生产效率的提高，不仅仅是企业竞争力的提升。在更深的层次上，信息化重构了工业生产的价值链，提升了工业产品的交易效率，创新了工业产品的交付形态，重整工业企业的业务边界，形成了工业生产的新模式。"

5. 推动产业链和生态的建设

"沙集模式"以农民网商为核心，通过网店经营，带动了整个产业生态系统的产生和完善。"沙集模式"中，农民开网店销售家具，不仅带动了家具的生产，还催生了物流、木材、零配件、网上服务商等产业链的发展，促进了供电、信贷等系统环境的优化。

而且可喜的是，整个生态系统从无到有，都是依靠自组织的力量演化成为一个健康的生态系统。最初，系统从单一的网店主体，自组织形成了包括物流、加工厂在内的产业链条，随后又纳入了供电、金融、政策等环境因素，最终形成了一个互动的、良性发展的生态系统。

更可喜的是，在生态系统中，各个角色的自我定位明确。在汇集了电信、电力、物流、银行等产业环节的座谈会上，各大服务商纷纷表示，在家具网销产业链条中，他们主要是两个定位：一个是"服务的提供者"，一个是"发展的受益者"。特别是政府的"不缺位、不越位"，起到非常关键的作用。网商顺利发展的时候，放手让他发展；碰到问题的时候，帮助解决问题。例如，沙集带头开网店的孙寒要扩大生产，土地是个问题，他自己解决不了，村政府便出面帮助协调其他农户出租土地给孙寒建厂。网销环境的优化，反过来促进了网销产业更大规模、更高水平的发展。

6. 具有可复制性

近年，农民自发利用市场化的电子商务平台，不要国家投入一分钱，信息化应用的效果非常显著，形成具有特色的自下而上式农村电子商务。目前，农村电子商务有多种模式，比如，比较有影响力的浙江义乌淘宝村、河北清河毛纺村、江苏沭阳花卉村。目前，自下而上的农村电子商务至少存在5种比较典型的模式，即：

（1）堰下村模式。这种模式出现在江苏省沭阳县颜集镇，农民自发在淘宝网上开店销售花木，网销规模占到总销售的1/3以上。这一模式的主要特点是针对当地的农副产品面向大市场开展网络营销，在原有生产结构改变不大的情况下，电子商务发挥了作为辅助销售手段的重要作用。

（2）东高庄模式。这种模式出现在河北省邢台市清河县，东高庄村75%的农户自发从事羊绒纱线与制品的网络销售，年网上销售额超过100万元的有20多家，其中最大的年网上销售额超过1000万元。这一模式的主要特点是先工业化后电子商务，当地农村的工业发展到了一定的程度后，再来利用网络销售发挥助推作用。

（3）青岩刘模式。这种模式出现在浙江省义乌市，凭借比邻义乌小商品市场及货运市场的便利，一个1000多人的小村子引来7000～8000外地人前来落户开办网店，销售小商品。这一模式的主要特点是充分发挥当地独特的区位优势，开展电子商务。

（4）沙集模式。这种模式出现在江苏省睢宁县，发源于东风村，农民自发在淘宝网上开店销售家具获得成功，网销细胞裂变式复制，拉动了加工制造、配件、原材料、物流快递等,形成年网上销售 3 亿元以上的新的产业群。这一模式的主要特点是以信息化带动农村的工业化和产业化,电子商务在"两化融合"中明显发挥了引领作用。

(5)柳城模式。广西省柳城县蜜橘畅销,归功于当地农民对网络的应用①。当地建立了"市场+'IT 农民'团队+农户"的供销模式。村民邹新春为全屯有电脑的农户建了一个 QQ 群,这个 QQ 群成为各种信息的中转站,群里每个成员成了科技的指导员、天气的预报员、减灾防灾的发布员、价格的信息员。各种信息从网上获取,有效指导农民的产销。

浙江的青岩刘村,也是有名的义乌淘宝村,网店红火的原因是这个村离义乌最大的货运市场——江东货运市场仅几步之遥,在那里既方便组织货源,又方便托运。河北的东高庄村电子商务的发展,得益于先前业已存在的羊绒纱线加工业。2008 年该村第一家网店开办时,清河就已是全国最大的羊绒深加工集散地,而东高庄村又是全县最大的羊绒生产加工专业村。同样,堰下村和柳城同样具有先天的传统花卉和蜜橘产品优势。在我国农村的很多地方,电子商务是在不改变当地生产结构的前提下,作为现有农副产品销售的辅助手段应用的。比如,农民在网上销售特产,卖枣、卖花、卖种猪。这是当前我国农村电子商务发挥作用的最常见的形式。在未来的发展中,仍大有潜力可挖。但因地理位置,或者产品资源所带来的发展农村电子商务的特殊优越性,在全国来看很难大面积复制。

相形之下,"沙集模式"的门槛更低、可复制性更强。"沙集模式"的珍贵在于,它不像一些发达地区,网店是在相对发达的产业集

---

① 李斌、胡院彬:《广西柳城"IT 农民"网上卖蜜橘 畅销全国》,新华网,2010 年 11 月 2 日。

群上发展而来，而是完全由电子商务直接催生了本地的主要工业。沙集现在的这个家具行业可以说是从无到有，靠信息化带动起来的。网店业兴起之前，沙集镇没有任何资源优势：没有地理位置优势，没有任何特色农产品，没有任何成规模加工业。然而，就是在这样一个"四无"地区，造就了一个年销售3亿元的家具网销产业。像沙集镇这样的贫困地区，信息化都可以发挥这么大作用，说明农村并不一定非要等到工业化完成才可以信息化，而是可以采取信息化带动工业化方式，快速发展农村经济。

沙集的普通农民没有多高的学历、没有现成的培训，在几个创业青年的带领下，他们就创造了"奇迹"。"沙集模式"不仅可以复制，而且门槛比较低。我们欣喜地看到，"沙集模式"的种子，已经被播种在其他农村地区，并且，有的已经开花结果。

宿迁市耿车镇大众村以前以废旧塑料加工远近闻名，许多村民通过废旧塑料加工走上了富裕之路。看到东风村网上销售红红火火，挣钱又多还不污染环境，大众村人心动了。部分年轻的老板迅速转变思路，从传统的废旧塑料生意中解脱出来，转而经营简易家具，进行网络创业。随着一个个网店的成功，村里越来越多的村民加入网络销售的队伍。现在，村里也有三百多户开了网店，其中有家具加工厂的就有一百多户。由于当地网商发展快，村里发生了翻天覆地的变化：最高的时候，村里一天就有二三十个家庭装宽带，这在以前是不可想象的；原本村里没有快递，现在有业务关系的快递以及物流公司有十几家；在外打工的村民，纷纷返乡开网店；干废旧塑料的，陆续改行开网店；村里正在读书的大学生纷纷向家人学习开网店。目前，耿车镇的很多网商都注册了公司和商标。

早先的耿车模式的表现是农民从事做废旧塑料回收加工，沙集学耿车；现在反过来，耿车学沙集做网销。

虽然耿车镇比沙集镇后进入网销家具市场，但是由于耿车人之前大多数从事废旧塑料回收业务，积累了大量企业运营经验和资金，因此，一旦他们介入家具网销市场，成长的速度甚至超过了沙集镇。2010年，仅仅耿车镇大众村的网上销售额预计就达到4000余万元。耿车的实践对于电子商务助力农村调结构、转方式，对于沙集模式的可推广性，都提供了一个非常生动的案例。

图3－4　潘新甫正在介绍网店的成长历程

潘新甫是睢宁邻县宿迁县耿车镇的农民，之前从事废旧塑料回收业务。2008年由于金融危机，生意亏损，工厂面临倒闭。于是他打算关闭工厂，去外地打工。但是，外出打工也带来问题，潘新甫只是个初中生，没有其他学历和技能，很难找到满意的工作。这时，他突然发现村里有好多快递公司到他们村取货，当时他还不知道是怎么回事，后来才听亲戚们提及是村里的乡邻在从事网上销售家具，一个月可以赚到几千元，甚至上万元。当时潘新甫听了非常怀疑：天天在家不出门，怎么就可以赚到那么多钱呢？潘新甫有个亲戚恰好在沙集镇东风村。亲戚于是介绍小潘认识了孙寒。孙寒倾囊传授了他如何在网上经营，如何和客户交流，如何完善售后服务。学习了一段时间，小潘就在家自己上网开店。一开始，生意不大好，小潘要到东风村组织货源，运到家里，经过包装后，再运到东风村发货。无形之中，增加了货运周期和成本。与东风村本地人相比，潘新甫处于劣势。随着经验的增长，小潘自己开了加工厂。开工厂的好处很多，不仅发货方便，利润也更大。耿车镇的乡邻听说小潘开了网店，纷纷找到小潘向他学习。

三 "沙集模式"的意义

网络时代，草根创新迸发出强大的生命力，通过网销，创造并培育了一个全新的产业生态。"沙集模式"代表了一种先进生产力的发展方向，显示了中国农民的伟大创造精神，具有鲜明的时代特征和划时代的重要意义。"沙集模式"的意义体现在以下几个方面。

1. 探索出一条有效解决"三农"问题的新路

"三农"是我国经济发展、社会发展全局的基础，也是国家发展战略中的重中之重。中央连续7年一号文件，都是讲"三农"问题。一方面凸显党中央对"三农"问题前所未有的重视程度，另一方面也表明解决"三农"问题的难度非常大。

我们现在沿用的解决"三农"问题的基础，还是在改革开放之初奠定的。虽然政策面进展很多，但是这些政策的基础结构层面这30多年来没多大变化。这个基础结构指的就是"公司+农户"。农户这方面以小岗村模式为代表，它改变了过去"三级所有、队为基础"的农村集体公有制的结构。分田到户，在基础结构上、制度上发生了根本改革，从而大大调动了农户的积极性。分田到户，使得一家一户的小生产直接面对变化多端的大市场，农户种什么、做什么、怎么种、怎么做，都由自己说了算，千差万别。然而，分田到户导致集体经济规模经营的"统"的优势消失了。

进入20世纪80年代，国家开始研究如何把"统"的优越性和

"分"的优越性结合起来,于是便形成了"统分结合,双层经营"的结构。这种结构的直观说法就是"公司+农户"。这种经济结构沿用了30多年,一直用到今天。

然而,在人多地少的国情条件下,"公司+农户"遇到了难以克服的挑战。比如,劳动者转移或农民就业的问题,农村的经济发展问题,农民收入提高的问题等。我们在这个结构的基础上探索了很多的办法,虽取得一定成效,但还有一些困难很难逾越,比如农民工问题。在中国,每到过春节的时候,亿万农民工在全国范围内的大迁徙、大流动,带来了巨大的社会压力和社会成本,农民工平时在城里的安置、子女教育、社会保障,还有农村"空巢"也带来的一系列问题等等,无论是农民自己,还是国家的公共管理为此所付出的代价都是非常大的。国家探索过以农民"离土不离乡,进厂不进城"的办法解决农村劳动力转移问题,但是,以农户家庭为基础的小生产和大市场的对接始终是一个很难逾越的障碍。"公司+农户"的结构,仍不足以让农村容纳这么多的劳动力。

另外,在过去"公司+农户"结构下,农户往往是被公司牵着鼻子走的弱势群体。公司控制农户,与农户争利的一个重要原因就是信息不对称。市场信息大部分掌握在公司的手里,在和公司建立经济联系的过程中,农户由信息弱势造成市场弱势的情况是常见的事实。这是"三农"问题经常要碰到的大问题。

沙集镇以往招商引资搞工业,规模很小,顶多带动了几十人就业,还有严格的年龄限制;而搞电子商务,短时期内规模就达到3亿元,不仅使镇里实现了充分就业,还需要从城里招工补充人手不足。很短时间使当地的经济面貌焕然一新。

"沙集模式"带来了结构性的变化:它在"公司+农户"的基础

上加了"网络"这一大要素。农户在自己家中,通过市场化的公共电子商务平台,可以直接去对接市场。解决农民信息弱势的信息不对称问题,一下子找到了一个新的突破口,并且,供需双方无需经由第三方中介,这是以最直接的方式从根本上解决信息不对称问题。由于减少了中间环节,产品定价更低,买卖双方互相受益。

中国社科院农村发展研究所所长张晓山认为,"沙集模式"具有革命性的意义,它改变了农民的信息获取模式,改变了农民的市场地位。在"公司+农户"模式中,农户对市场信息一无所知,对原有市场的产品定价没有任何权利,农民被公司所支配,处在弱势地位。"沙集模式"彻底改变了农民在市场中的角色。农民通过网络寻找需求、订单,然后有目的、有方向、有意识地发展产业,产品适销对路。所以,从农民所处的市场地位来讲,农民能够掌握自己的产业方向,能够自主确定生产产品的数量和价格,最终能获得更多的就业机会,能获得更多的收入。

徐州市副市长漆冠山在参观了沙集网商发展状况后强调:"'沙集模式'繁荣了农村经济,也带来了农村经济的结构性变化,提供了农民在家创业致富、直接对接市场、解决'三农'问题的新选择。"

中国社科院信息化研究中心主任汪向东最早总结出"沙集模式",他说:"沙集的农民不是几千年来面向黄土背朝天的农民,一家一户面对大市场茫然的农民了,不再是弱势的小生产者,是可以直接通过网络对接市场,拿订单、组织货源和生产的农民网商。"

网销业带动了家具业的兴起,推动了传统废旧塑料回收业的转型。农民在家中就可以创业致富,农业生产方式发生了翻天覆地的改变,农民实现了充分就业,还需要从城里招工补充人手不足。农户收入增长、生活改善、家庭幸福、社会安定和谐。农民上网,增加了信息获得渠道和学习机会，无形中开拓了视野。农民素质的提高，反过来又促进了村镇管理，促进城乡和区域协调发展。

"沙集模式"的经济社会影响意义深远，它为在信息网络时代解决"三农"问题，提供了一个新的方向。

对比"公司＋农户"和"网络＋农户＋公司"两种模式，二者在解决"三农"问题中的作用各不相同。表3－2从农业生产方式转变、资源配置、解决市场矛盾、降低风险、改变经济发展二元结构、提高农民就业、提高农民收入和促进农村社会和谐几个角度分析两种模式对解决"三农"问题作用的差别。

表3－2　　　　　　　两种模式对解决"三农"问题作用的比较

模式/作用	"公司＋农户"模式	"网络＋农户＋公司"模式
农业生产方式转变	用工业化带动农业化生产,部分解决农产品销售问题,仍然是传统农业生产方式	农业信息化带动工业化,发生历史性变革
资源配置	推动生产要素流动效果不明显	有利于生产要素在城乡之间、工农之间的双向流动
解决市场矛盾	仍然面临小生产与千变万化大市场的矛盾	解决千家万户小生产与千变万化大市场的矛盾
降低农民在市场经营中的自然和市场双重风险	部分降低市场风险,不能降低自然风险	可以根据市场情况快速调整,降低双重风险
改变经济发展二元结构,加速城乡一体化进程	无实质性效果	催生产业链,推动城乡一体化进程
提高农民就业率,解决剩余劳动力	吸引部分就业,略有缓解,没有实质性解决	就地解决,还吸引外来人员
提高农民收入	略有增加	大幅度增加
促进农村和谐	没有实质性效果	效果显著

2. 为转变发展方式提供了一条可借鉴的途径

党的十七届五中全会又一次突出强调转变经济发展方式的任务。对传统工业化难以为继的状况，人们是早有认识。1995年，党的十四届五中全会提出了"两个转变":一是由计划经济转变为社会主义市场经济,二是由粗放型发展转变为集约型发展。

从那时到现在,已经三个"五年计划"过去了。时间过了十五年,国家为发展方式转型做出了巨大努力,在一些方面也取得了很大的成绩,但是,转型的压力有增无减。一些问题难以克服,比如人均资源短缺,工业化水平不高造成结构性调整的困难等,再就是我国在对外开放过程中,全球市场上的资源涨价、粮食涨价、能源涨价,治理污染和低碳的压力越来越大,我国的经济发展越来越受制于这些外因,所以,就越来越强烈要求加快经济发展转型,以争取我们自己在发展中有更多的主动权。

"沙集模式"的出现,直接改变了当地的产业结构。东风村在网销业之前,是名副其实的"破烂村",废旧塑料回收加工是当地的支柱产业。但是废旧塑料产业在增加农民收入的同时也带来了非常严重的环境污染问题,而且塑料颗粒的价格随着国际行情的变化非常不稳定,经营风险极大。看到家具网销市场的发展前景,废旧塑料企业源源不断地转型。从2009年开始,东风村的网销产业已经超过了塑料产业,而且一些企业还在不断转型。而这种变化恰巧和党的十七届五中全会提出的调结构、转方式的要求相符合。

对"沙集模式"的研究非常有意义,对国家制定科学的农村发展战略决策具有重要的参考价值。"沙集模式"实际上是发挥了一个没有地界,甚至没有国界的网络市场在配置资源当中所起的积极性作用。实现了当地产业结构的调整、相关产业的发展,以及资源的优化配置。另外,"沙集模式"也是一个跨越式发展的范例。它没有走传统的工业化再到信息化的道路,而是先信息化,然后再工业化,这对我们很多后发地区的发展很有启迪。最后,感触最深的就是,改革以来所有的创新都是发源于基层，起源于草根，"沙集模式"也不例外。所以中国的改革和发展是要靠基层的创新来开路，最后形成上下联动的改革与发展战略。因此"沙集模式"将为我们提供有力的启迪。

3. 为推动我国信息化建设提供了新视角

信息化带动工业化，"两化融合"，这是国家战略的重要内容。党的十七届五中全会又提出深化"两化融合"的要求。在农村信息化方面，国家花了很大力量来推动，但依然困难很多、成效不大。它要解决的问题是小生产和大市场的对接，解决的思路是自上而下地去推动信息化。

多年来，很多部门投入了大量精力和财力。中组部建了一个农村党员远程教育的系统，工信部、发改委、科技部、农业部、商务部等，都在推广农业信息化。近年提出新农村建设后，更是加大了力度。但是，他们都碰到了"信息化不等式"的挑战。

"信息化不等式"，是说能力不等于应用，应用不等于实效。这些年，农村信息化建了大量的"能力"，但是用得怎么样？"建"和"用"的矛盾很明显。能力建设的原意，是给农民提供信息，但是农民不买账，应用效果不理想。这个问题不光农业信息化有，企业信息化有，电子政务有，各信息化领域普遍存在。在农村信息化领域，体现得尤为明显。那么，关键问题出在什么地方？究其原因，就是自上而下的信息化和农民自身草根自下而上的需求是错位的。

回头再看"沙集模式"。农民需要的信息不是先经过自上而下的系统，才达到农民那里，而是农民自己直接和市场去对接，直接和买家去商谈。农民对接的结果，是拿到了鲜活、有价值的信息，并且实现了交易。这样，信息化的应用和效益，一下子就显露出来。信息化不仅仅拓展了销售，还催生了一个全新的产业——家具网销业的蓬勃发展。

4. 对发展地方经济，提供了一条新的思路

这些年，发展地方经济，特别是发展县域经济，从全国来看，一个重要的思路是通过招商引资，特别是希望通过引进重大项目拉动地方经济，加快发展。这一发展思路，在过去 30 年里取得了重大成果，可以这么说，它也代表了改革开放政策的一个非常重要的成果。但是，我们要看到，今后这样一个发展道路，会越来越难走。尤其是强调项目上规模的招商引资会越来越难。

现在招商引资困难重重，需要付出巨大代价。而且，地方政府之间的恶性竞争导致这个代价不断加码。有地方官员反映，现在国内的老板们可比外资难缠得多，他们太懂得地方政府的心理了："你做吗？你不干，有的是政府欢迎我去。"这些国内老板就这样逼着地方政府让步。有的地方领导甚至用"敲骨吸髓"来形容这些老板的行为和地方为此付出的代价。

在这种机制下，地方政府可为招商引资付出代价的重要资源越来越少，比如土地和税收减免资源。老板们向政府要地，要完地，要厂房；税收减免早就不是三年两年，而是要五年、十年、十五年、二十年。问题是，土地资源可不是无限的，国家耕地政策放在那里，是红线，所以可用土地只会越来越少。就算土地流转，就算在土地规划上花很大精力，它毕竟是有限的。税收减免、预支未来能无限吗？"十一五"可以这么干，"十二五"可以那么干吗？"十三五"还能那么干吗？所以说，这样的发展思路已经到不得不认真反思的时候了。

而且，外来的项目"难养熟"。它们来得难，走得易，一有风吹草动，或别的地方给的条件更优越，可以毫不负责地将工厂搬走。

再回来看看"沙集模式"。这是一个靠本地内生的力量驱动，由农民自发做起来的经济发展模式。网商的发展项目就算向国家要政策，他们所用公共资源的性价比也极高，远远高于传统的招商引资方式。"沙集模式"对公共资源的索取很少，为地方经济社会发展的贡献很大。特别可贵的还有它的内生性。农民网商的根在这个地方，父老乡亲在这个地方，有了风吹草动、市场有变化，他们会和当地父老乡亲一起去抵御风险。这是它内生的价值，从中会长出更强的生命力和带动力。

5. 对促进我国"包容性增长"提供了借鉴

包容的目标，由于党的十七届五中全会提出"包容性增长"而令人关注。2010年9月16日，国家主席胡锦涛在第五届亚太经合组织人力资源开发部长级会议开幕式致辞中，提到了"包容性增长"的概念。它包含着缩小贫富差距、增强社会的公平正义、转变经济增长方式等要求，在政策取向上是要让更多的人享受发展成果，让弱势群体得到保护，在经济增长过程中保持平衡等。

其实，"包容性增长"的新提法，与通常意义的机会均等、广泛参与、普惠大众、共同富裕的概念和原则是相通的。而且，从国际上讲，包容性增长的针对性也非常强。它是针对经济社会发展过程中存在的两极分化，包括针对全球信息化背景下出现的数字鸿沟这样一种信息的两极分化，以及由此所带来的弱势群体被边缘化的现实提出来的。

包容，也是国际上早就提出来的一个社会目标。比如，欧盟就一直倡导社会包容（social inclusion），并结合建设信息社会提出电子包容（e-Inclution）。在国内，包容这个概念使用率低。多年来，我们既要发展经济，又要兼顾包容，通常的提法是"让一部分人先富起来，先富帮后富，达到共同富裕"。

包容性增长，不仅要体现在目标上，而且要体现在实现目标的过程中；共同富裕，不是主要靠财政转移支付、慈善扶贫来实现（尽管它也不可或缺），而更重要的是强调通过创造平等的发展机会，吸纳人们广泛参与增长过程来实现。包容性增长所实现的不仅是经济上的共同富裕，而且是包容在这一过程中的所有参与者的能力、尊严和人生价值。

在信息化、网络化时代，电子商务过去长期被误认为不适合农民，不适合农村。为什么呢？原先的观点是认为农民的科学文化素质还比较低，要从事电子商务这种高科技的事情还很困难。围绕农村电子商务的适用性，两种观点长期争论不休。而客观上，农村电子商务相比城市发展滞后，收效不大的现象，似乎印证了否定派的观点。国家对农村信息化非常重视，农村电子商务推广多年，花了非常大的力气，实际效果仍不理想。因此，有些人认为电子商务不适合农村。

但是，回过来再看"沙集模式"。"沙集模式"表明，只要激发了农民的内在积极性，电子商务和他们的利益挂了钩，人人都可以包容在"两化融合"的过程中。农民虽然不会熟练操作电脑，用一个手指戳键盘的"一指禅"，也同样能够有机会从包容性增长中获得实惠。

过去只靠政府自上而下推广信息化的时候，在村子里建个点，有人来辅导，教农民怎么用电脑、怎么上网，可农民心里却想，这个东西，对我有什么用？农民不愿意学，即便当时教会了，转头就忘。以至于科学文化素质低等，就成了导致农村电子商务难以推广，农村信息化低的原因。但是现在，沙集镇的农民看到兄弟姐妹、七姑八姨、左邻右舍靠网销致富了，你不号召他学，他也发自内心地愿意学，就是先给别的网商打工，不给工资都愿意干。学会了起码的知识，"一指禅"也能开网店。可见，只要解决了农民内在积极性问题，包容性增长的成果很快就能显现出来。

"沙集模式"为纠正长期以来电子商务不适合农村的偏见，提供了一个非常有说服力的现实例证。

在 2010 年 12 月 18 日召开的"沙集模式"高层论坛上,一些官员和学者畅谈了他们对沙集模式的评价。

张晓山(中国社科院学部委员、社科院农村发展研究所所长)

"沙集模式"是跨越式发展的范例,社会经济形态不能跨越,但产业的发展、技术问题完全能跨越。

聂林海(商务部信息化司副巡视员)

"三农"问题,关键在于农民;同样,要搞好农村信息化,关键也是农民。搞好农村信息化关键要解决 6 个字:能用、会用、想用。有订单,再根据订单来生产产品的"沙集模式"是一个很好的模式。

安筱鹏(工信部信息化推进司综合处处长)

"沙集模式"跨越了 3 个世纪,交易方式是 21 世纪,生产工具是 20 世纪的现代化大型生产装备,组织方式是 19 世纪的家庭化作坊。沙集乡村工业重新崛起,是产业分工的不断裂变,拓宽了农村现代化发展的思路。

杨培芳(中国信息经济学会理事长)

沙集创造了自下而上的草根模式,这种模式有天然的生命力,不会没有政府推动以后就会消亡,但需要引导。

李广乾(国务院发展研究中心技术经济部副研究员)

没有信息化,就没有新农村的新。从沙集看,信息化对农村具有巨大的推动作用,可以改变产业结构,转变发展方式。

第四章 "沙集模式"成功的原因

"沙集模式"的成功，可以总结出很多原因，归纳起来，主要有以下几点。

一 信息技术的普及和应用

"沙集模式"的成功，首先归功于我国信息技术的普及和应用。根据世界经济论坛发布的《全球信息技术报告 2009～2010》的网络就绪度排名①，中国的排名从上一年的第 46 位升至第 37 位，而"金砖四国"中的其他成员印度、巴西和俄罗斯分别名列第 43、第 61 和第 80 位，都落后于中国。报告显示，中国的网络就绪状况迅速提高，从 2006 年的 59 名，快速提升到 2009 年的 37 名，显示出我国近年在信息技术普及和应用领域所取得的显著成绩。

1. 基础设施建设提速，互联网快速普及

基础设施建设的提速，为农村地区应用电子商务奠定了良好基础。

---

① 网络就绪度评价内容涵盖个人、企业和政府的信息化就绪度情况。《全球信息技术报告》由世界经济论坛和欧洲工商管理学院共同编撰，是全球评估信息与通信技术对各经济体发展进程和竞争力影响情况的最全面和最权威的报告。

我国近几年持续投入电信基础设施建设，截至 2009 年，我国共建成光缆网络线路总长度达 826.7 万公里[1]；99.1% 的乡镇和 92% 的行政村接通了互联网，95.6% 的乡镇接通了宽带；3G 网络已经基本覆盖全国。互联网基础设施的完善大大促进了互联网的普及和应用。

截至 2010 年 6 月，中国网民规模达到 4.2 亿人，突破了 4 亿人关口。互联网普及率攀升至 31.8%，远高于世界平均水平，并且持续以 30% 的速度增长。中国网民数已经超越美国跃居全球第一，并且拥有全球最大的互联网市场。农村网民人数持续增加，2009 年，农村网民数净增 0.22 亿人，达到 1.07 亿人，增长速度为 26.25%。

2. 网络购物市场发展潜力巨大

网购人数不断扩张。根据 CNNIC 报告，2009 年应用网络购物的网民占 28.1%，突破 1 亿人，达到 1.08 亿人，比 2008 年增长了 45.8%，增速远远超过当年网民的增长速度。其中，在电子商务的行业访客中，有购买行为的访客数在 2010 年的增长率超过了 20%[2]，是近年增长最快的一年。

网购规模持续增长。根据艾瑞数据，2009 年中国网络购物交易额近 0.25 万亿元，同比增速高达 93.7%，远远高于社会商品零售总额 15.5% 的增长速度。网购交易额占社会商品零售总额的比重达到 2%，比 2008 年提高了 0.8 个百分点。而韩国网购交易额占社会商品零售总额的比例为 12%[3]，相比之下，差距还很大，显示我国网络购物市场仍然处在初级发展阶段，并且发展前景巨大。从网络购物渗透率来看，

---

[1] 新浪网，王晨在全国人大常委会专题讲座上的讲稿：《关于我国互联网发展和管理》，http://news.sina.com.cn/c/2010-05-01/091217451379s.shtml，2010 年 5 月 1 日。

[2] 李斌：《我国电子商务网站达到 1.8 万家》，《京华时报》2010 年 12 月 30 日。

[3] 比特网：《电子商务整体型态发展趋势分析》，http://soft.chinabyte.com/368/9003368.shtml，2009 年 7 月 17 日。

我国应用网络购物的网民占 28.1%，而美国和韩国网购用户的渗透率已经达到 70%，说明我国网购用户增长空间还很大。

3. 物流和支付更加便捷

物流和支付更加便捷，推动沙集网销业的快速成长。近几年，我国物流和快递业务爆发式成长。快递服务与电子商务合作日益紧密。一方面电子商务依托快递突破了物流瓶颈，快速发展；另一方面，电子商务配送拉动快递服务迅速增长。据悉，全国快递业的三分之一[①]业务量由电子商务牵动完成，仅 2008 年中国电子商务带动的包裹量就超过 5 亿件。在沙集镇，已经聚集了 15 家物流快递公司，在竞争中，物流快递的服务不断提升，价格不断降低，为沙集网销业的发展提供了有力的保障。

支付已经不是电子商务发展的瓶颈。随着这几年网上银行和第三方支付平台的逐步完善，在线支付已经非常便捷、安全。目前网银的服务涉及日常缴费、资金往来等服务。根据易观国际数据，截至 2009 年第四季度末，中国网上银行注册用户数达到 1.89 亿个，个人网银交易额达到 38.53 万亿元。网银用户占全部网民的比例达到 49.22%，相当于全部网民的一半。第三方支付也快速发展。另根据艾瑞咨询数据，2009 年，中国第三方网上支付交易额达到 5766 亿元，同比增长 110.2%，网上支付已经连续五年增长速度超过 100%。网上支付用户数也快速增长。应用网络支付的网民占 24.5%，达到 9400 万人，比上一年激增 62.3%。把网络银行作为主要网络功能的用户占比也达到 24.5%，增长速度高达 80.9%，同样达到 9400 万人。2009 年 7 月，支付宝宣布用户数突破 2 亿个；随后在不到一年的 2010 年 3 月，支付宝宣布其用户数已经突破 3 亿个。

---

① 张道生：《我国快递服务 1/3 业务量由电子商务牵动完成》，新华网，2009 年 9 月 14 日。

4. 中介平台的引领作用

以淘宝网为代表的市场化公共电子商务基础设施，现在已经发展成熟。并且在中国特色的电子商务发展过程中，发挥了重要作用。他们不仅提供了交易平台、交易环境，还通过不断创新交易规则，规范网络交易健康有序。根据阿里巴巴的数据，截至 2010 年 6 月底，我国网商规模已达 7700 万个，其中个人网商 6500 万个，企业网商 1200 万个①。仅就淘宝网而言，截至 2009 年年底，淘宝网已经拥有注册会员 1.7 亿个，2009 年的交易额超过 2000 亿元。

本次关于环境推动因素研究，69.5% 的东风村网商认为，电子商务服务平台为他们提供了难得的网销机会，这是推进当地网店发展最重要的环境因素，如图 4 - 1 所示。网商可以在淘宝免费开店，这就为农民从事网销创造了非常便利的条件。这种市场化的公用电子商务平台，克服了以往社会化服务体系中，官办机构（如七站八所）、集体组织、合作社等社会化组织机制不灵活的缺点。中介服务平台不断完善交易机制和信用评价，使得卖的安心，买的放心。它以周到的服务、超高的人气，会聚了全国乃至世界范围的商品、买家和卖家。在淘宝网站，还为新手提供了免费培训：开设了"新手学堂""卖家入门""淘宝打听""自助服务""淘宝大学"等一系列帮助栏目，通过视频、文字案例、互助等方式，传授网店经营经验。即使是文化水平略低的农民网商，也完全可以照葫芦画瓢，自学成才。服务的便利、交易规则的透明，降低了农民从事电子商务的学习成本和经营成本。在这里，农民网商轻松地与全国的大市场进行对接。第三方网络交易平台为农民创业，提供了一个崭新的舞台。

---

① 来源：阿里巴巴研究中心：《2010 年网商发展研究报告》。

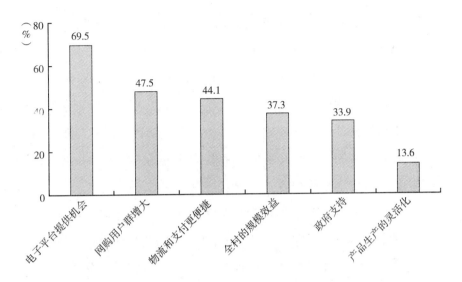

图 4-1 网店成功的环境因素

二 选对了产品

农民开网店，选项目很重要。沙集镇的"三剑客"最开始在网上销售饰品和小家电，但是发现前景渺茫。经过几番尝试和摸索，最后几个人确定选择简易拼装家具作为起步产品。事实证明，以这种产品切入市场是最佳选择：需求容量大，市场进入的门槛低，能够掌握产业链关键环节，产品适合储存和长途运输，产品拓展空间大。家具的品种多样，有板材的、实木的，低档的、高档的，使得家具发展空间非常大。这就使产业的发展具备了很强的容纳性和快速扩张的条件。

1. 市场需求大

拼装家具的用户群体巨大。普通工薪家庭或者中低收入的城市单身打工一族，要么是房屋面积小，要么租房居住。因此，这两类消费人群对家具的要求是需要并买得起的：功能多；体积小，能合理利用空间又适合搬运；设计风格简洁时尚；价位处于中低水平。这是一类庞大的市场群体。简易拼装家具既能满足消费群体的功能需要，价格又极其实惠。因此，简易拼装家具受到广泛欢迎。

沙集镇的木制家具自从上市，就一炮走红，并且订单源源不断。浏览沙集镇网商的店铺，各式各样的家具琳琅满目：架子系列（书架、衣架、鞋架、花架），柜子系列（衣柜、书柜、鞋柜），书桌、茶几，等等，每家的店铺都陈列着上百种家具图片。

有些人常常把宜家家具作为简易家具的旗帜。然而，在沙集网商看来，沙集家具从某些方面已经胜过宜家。网商创始人孙寒说："与宜家相比，沙集镇产品价格更低，但是产品质量却并不逊色，尤其是更适合中国家庭使用。"他举例说，一款宽 40cm、深 53cm、长 160cm 的衣帽架，用闽北杉木制作，在孙寒的淘宝网店上只卖 60 元，价格仅为宜家类似产品的 1/3。

2. 门槛低，生产和交易流程简单易学

沙集镇网店生意流程简单易学，包括设计、生产、网销、配送、收款几个环节。如图 4-2 所示。对于没有生产能力的网商，只要跟踪供应商的产品更新，开展网销、拿货、配送、收款流程就行了。

而生产加工过程也相对简单，只需要锯板、封边、钻孔三道核心工序。这三道工序所需的设备成本不高，基本都在农民可支付的范畴内。心灵手巧的沙集农民，在此基础上，生产出了销往全国各地的各类拼装家具。

3. 适合长途配送货运

简易拼装家具比较适合长途运输。沙集网商面临的是全国的大市场，太大的商品配送成本就会很高，易碎商品配送途中的损坏多，鲜活商品不适合储存。所以鲜活、易碎、超大物品不太适合网销模式。

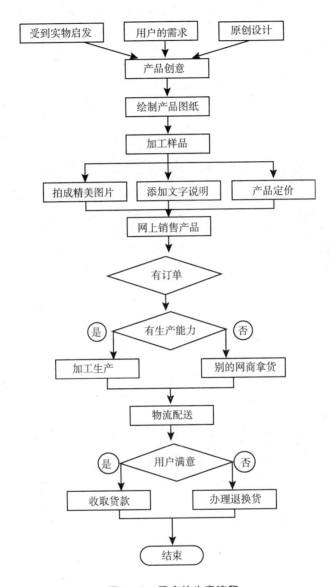

图 4 - 2 网店的生意流程

网销商品一定要适合远途运输、体积较小、不易损毁。简易拼装家具恰恰满足这些条件。家具厂只要把家具按设计好的尺寸，加工成木条、木板，配上成包的螺丝，附带图纸发给用户。用户按照图纸，经过简单组装，就可以完成一套家具。与成型家具运输相比，木板运输起来更方便，有利于降低运营成本，减少途中破损、提高配送效率。现在，沙集的家具已经销往全国各地，远达新疆、中国香港等地。

4. 满足用户动手组装的乐趣

拼装家具还能够满足用户动手组装的乐趣。简易拼装家具的另一个特点是需要顾客自己拼装。用户在收到成品木板后，按图纸组装家具。组装的过程，就是一次创造的过程，会让人回想起小时候拼装积木的童趣，更能满足一些年轻人"自己动手做家具"的成就感。目前，一些网商还常常接到用户自己设计的图纸，要求定制加工。用户根据自己喜欢的家具风格和适宜的尺寸，只要把想法画出来，网商就可以提供加工好的待组装家具。相信在不远的将来，用户自己设计、自己组装的 DIY 家具一定成为潮流。

三 创业群体

"沙集模式"的成功，和镇上这群勤奋、向上、开放的年轻人的贡献密不可分。新一代创业型农民成为沙集网销萌芽、复制、快速成长的关键力量。

1. 勤奋和执着

对于沙集镇的网商来讲，工作到凌晨 2 点钟已经是家常便饭。沙集网商的工作热情惊人，从每天早上 9：00 到晚上 12：00，都一直挂在线上。在和用户交流的过程中，可以了解用户需求，洽谈生意。每天晚上 8 点，在农村其他地区，已经是休息时间，但是对于东风村的农户来讲，忙碌的夜生活才刚刚开始，晚上是洽谈生意的最好时间段。晚上 12 点以后，用户流量稍微少些，网商们又忙着整理和打印订单，以便第二天一早就能按订单包装出货。直到凌晨 2 点以后，网商们才恋恋不舍地关掉电脑，倒头进入梦乡。在东风村，根本没有人在街上闲逛或者四处串门，大家都忙着在网上挣钱。

　　在沙集农民网商心目中，一直有一种坚定不移的信念：沙集镇农民从事废旧塑料回收加工生意，又苦又累又臭的活儿都能赚到钱，做网店更能形成规模。孙寒表示说："沙集镇人要把这场始于网络的革命进行到底！"

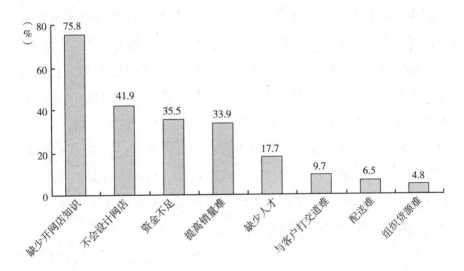

图 4 - 3　开店之初网店遇到的困难

　　网商白手起家，会遇到各种各样的困难。调查显示，对于 75.8%的网商来讲，开店之初遇到的最大困难是缺少开店知识，其次是不会设计网店（41.9%）、资金不足（35.5%）、提高销量难（33.9%），如图 4 - 3 所示。

　　虽然在开店之初，网商们遇到各种各样的困难，但是，沙集网商勇于克服困难的勇气和勇往直前的精神更值得敬佩。创业之初，为了找到质优价廉的木材，孙寒等几个小伙子跑遍了东北、广西、湖南等全国各地木材产地，他们起早贪黑，为了节省时间和节约成本，甚至在木材厂的棺材里躺着过夜①。因为刚刚起步，网商们的订单量少，整整找了一个月，终于有木材厂同意为他们供货。几个人的辛苦终于获得了回报。经过了类似的风风雨雨和挫折，网商们深知创业成果的来之不易，因此也更加珍惜，更加努力。

缺少开网店的知识，店主们就虚心到亲朋家虚心请教，在网上琢磨别家网店的经营特色，有的甚至自费参加淘宝的网商培训。一些农民网商文化水平低，不会双手输入键盘。但是，这并没有难倒他们。有的网商用一个手指开始练，从"一指禅"到"两指禅""三指禅"。虽然打字姿势不标准，但是经过勤学苦练，并不影响他们打字的速度，也没有影响他们与用户的沟通交流。就是凭借这些农民执着的学习和拼搏精神，才取得了沙集网销业的辉煌。

在网店初步形成规模后，网商们也走出沙集，在广东等地区的知名家具厂参观，暗地里学习它们的生产设计、组织、企业管理和运营经验。走出去战略，不仅让沙集网商们看到了差距，也极大地开拓了他们的视野，锁定了他们追求的目标。

开网店之初，贫苦户刘兴启没钱买设备，他决定用自己的双手造一台。他一个人跑到广东，到各个家具厂学习，趁机研究别人使用的设备，然后偷偷记在心里。回到家里，他画出各种各样的草图，经过改良，他愣是自己造出一台加工设备。此前，刘兴启没干过木工、也没从事过机械行业，只有小学文化程度的他，完全凭借自己的努力和执着，克服了各种困难，造出了一台设备生产家具。这在外人看来，是多么难以想象的一件事！

---

① 詹丽冬：《家具网销逆流而上 苏北小伙打造"中国宜家"》，http://it.sohu.com/20090901/n266360293.shtml，2009 年 9 月 1 日。

2. 开放和分享

前面提到，在开店之初，网商遇到的最大困难就是缺少开店知识。而如今沙集网商已经形成一个比较大规模的群体，那其中的奥秘是什么呢？"沙集模式"能够快速复制传播，与网商们具有开放和分享精神密不可分。调查显示，62.7％的网商获得开店知识的渠道是向其他网商学习的，42.4％的网商是从实践中摸索出来的，40.7％是在网上搜索有关资料自学而成，如图4－4所示。正是由于沙集农民网商的开放和分享，促成了开店知识的快速传播。

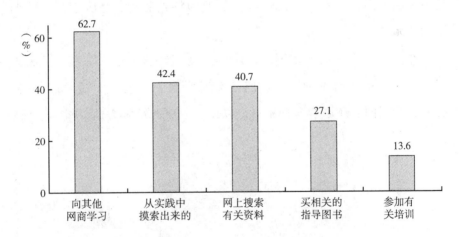

图4－4 网商获得知识的渠道

其实，开放和分享精神的形成，也有一个过程。一开始，"三剑客"想着自己闷头挣钱，担心教会了别人，会瓜分自己的市场，影响网店的销售。为此，"三剑客"甚至还制定了不许外传的攻守同盟，并且他们对使用他们产品图片的商家进行投诉。但是，耐不住周围的亲戚和从小长大的朋友的软磨硬泡和农村那股子浓浓的亲情，他们又不自觉地向村民们传授开店知识。

后来，"三剑客"在网销实践中逐步转变了观念，体会到了开放的益处。他们发现：首先，中国家具网销市场足够大，单靠几个人的力量是根本做不完的；其次，如果当地的家具网销业形成规模，对提高品牌效应、降低物流和供货商价格会非常有帮助。于是，"三剑客"提出了"有钱大家一起赚"的口号，并义务承担起了辅导员的职责。孙寒已经记不清培训了多少个网商了，而且，镇里还时常邀请他给大学生村官、其他村镇代表进行培训。就这样，一传十，十传百，沙集镇的网店遍地开花。因此，从2009年开始，东风村的网销业爆发式发展。

孙寒办公室的墙上，挂着"身边的好人"的荣誉证书，这是睢宁县为表彰孙寒带领青年农民在网上创业的特别奖励，是睢宁县独特的荣誉。

在"三剑客"的带动下，东风村的网店经营得如火如荼。几家大户还主动为小网商供货。商友们还会时常聚在一起，交流开店心得。有时，几家网店还联合购进木材，以便获得更有竞争力的价格。

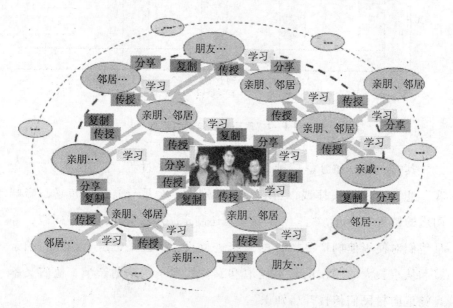

图4-5 "沙集模式"的传播和复制过程

从另一组数据也能看出沙集网商开放、分享的心态。在问及如何看待同村网店的竞争时，74.84%的网商认为是好事，如图4-6所示。因为，他们认为网店之间的竞争，可以督促网商提升服务、同时形成规模优势、同时促进相互学习。只有25.16%的网商认为网店之间的竞争是坏事。

如何看待同村网店的竞争

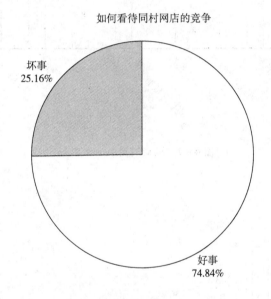

图4-6 网商对竞争的态度1

3. 服务和诚信

网络购物市场庞大，如何选择网店和商品？唯有服务和诚信才能最终赢得消费者的认可和信赖。本次调查数据印证了产品和服务是成功之本的道理。数据显示，沙集网商认为，最重要的开网店的三条成功因素分别是：产品质量、客户服务、口碑经营。

淘宝作为中介服务平台，建立了一整套确保网店信誉的评价机制，以钻石和皇冠的数量作为标识。钻石或皇冠数量越多，信誉越好。沙集网商非常重视诚信。在沙集镇网店中，拥有一钻网店195家，两钻

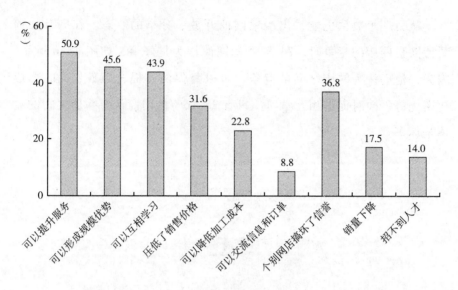

图 4 − 7 网商对竞争的态度 2

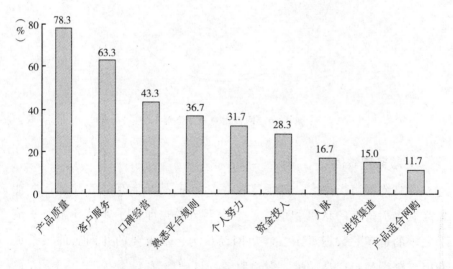

图 4 − 8 个人网店成功的原因

网店 157 家，三钻网店 100 家，四钻网店 43 家，五钻网店 14 家，皇冠网店 5 家，双皇冠网店 1 家。对沙集网商的调研发现，针对当地网销业的成功因素，78.30%的网商认为是产品质量过硬，63.30%的网商认为是客户服务至上，43.30%的网商认为口碑经营是关键。

在淘宝网，搜索"家具"网店，有5947728个①结果，搜索"家居"网店，有123745个结果。如何在几百万家网店中脱颖而出呢？沙集网商在资金实力、装修美观、广告推广上都不占优势，他们在实践中认为唯一胜出的就是踏踏实实的服务，通过充满人情味的服务，留住每一个客户，招徕新的客户。陈雷的网店

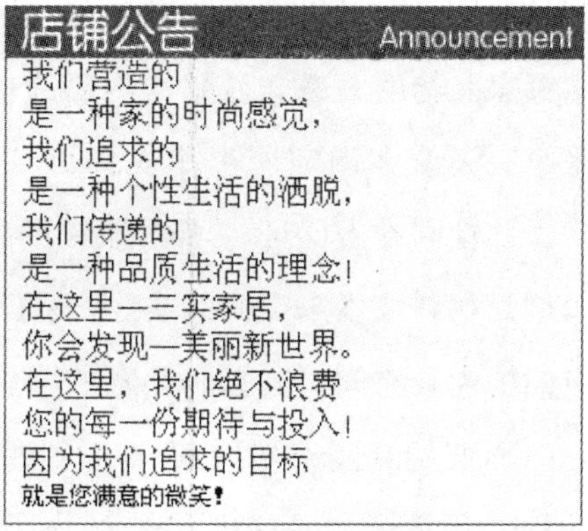

图4-9 刘兴利的店铺公告

提出"我们本着顾客是上帝的这种观念来对待每一个人"，在刘兴利的网店，店铺公告这样写道："我们营造的是一种家的时尚感觉"、"我们追求的目标就是您满意的微笑"。

不仅想到、说到，网商们还用实际行动维护着沙集家具的信誉。有这样一个案例，苏州的一个客户，购买惠易达家居网店的三个木质隔板，目的是搁放两个电视机顶盒。由于客户事先没有量尺寸，结果隔板安装到墙上之后才发现，隔板尺寸买小了，机顶盒根本放不上去。按道理，客户的责任，网店可以置之不理。但是，当网店主小孙了解到情况以后，不仅为客户出主意，设计隔板的摆放，还免费加送这个客户一个隔板。当问及小孙这样做的理由时，小伙子腼腆地说："我把每个客户都当成我的朋友，希望他们能满意。这样，客户有需要的时

———————————

① 来源：2011年6月6日搜索结果。

候，他们还会再来。"在调研过程中，调研组听到了很多这样的案例。

网店本身就是一种虚拟店铺，顾客在购买前，对卖家的信誉度、对商品的质量、对售后服务自然都会有顾虑，沙集网商就用服务承诺来消除买家购物的顾虑。沙鹏的网店提出了7天无理由退换，孙寒的网店开张第一天就在淘宝网上率先提出"接受一个月内无条件退换货"的承诺，并在网站上保证"不断地对产品进行测试和修正设计方案，经常是以增加材料成本来提高品质"。为了方便用户选择，刘晓林的网店开辟了专门的色板空间，陈雷和孙寒的网店向买家提供了家具组装图谱和技巧。

周波的森美家居网店，定位于实木家具，主打"专为婴幼儿设计"的松木儿童床，并提出"一切为了祖国的花朵"的网店口号。为了展

图4-10 周波网店的产品照片

示家具的质量，周波和亲戚一起站到床上，向用户显示儿童床的牢固。周波还用尺子对比松木木板的厚度，让买家放心家居的真材实料。由于家具的高品质，周波的网店一直受到好评。

网商们用实际行动为用户服务，也收到了用户满意的回馈。在沙鹏的网店，有这样一段留言："第一次买这么大件的东西，还真是有点担心呢！结果回来一看真的不错，快递员工也很好哦。卖家的服务还真不错都是按我的要求。包装简直是好得无可挑剔，一看就是专业性的。"

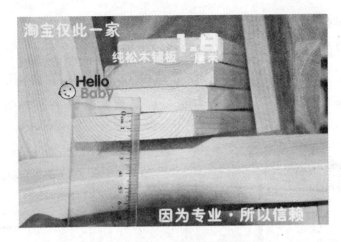

图 4 – 11　周波网店产品所用的原料

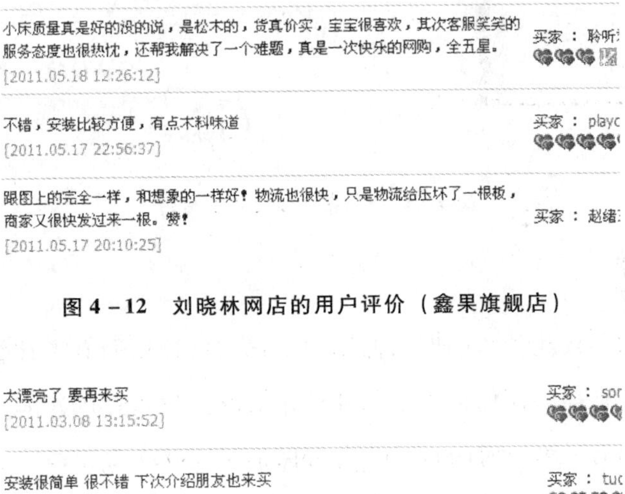

小床质量真是好的没的说，是松木的，货真价实，宝宝很喜欢，其次客服笑笑的
服务态度也很热忱，还帮我解决了一个难题，真是一次快乐的网购，全五星。　买家：聆听
[2011.05.18 12:26:12]

不错，安装比较方便，有点木料味道　买家：playc
[2011.05.17 22:56:37]

跟图上的完全一样，和想象的一样好！物流也很快，只是物流给压坏了一根板，
商家又很快发过来一根。赞！　买家：赵绪
[2011.05.17 20:10:25]

图 4 – 12　刘晓林网店的用户评价（鑫果旗舰店）

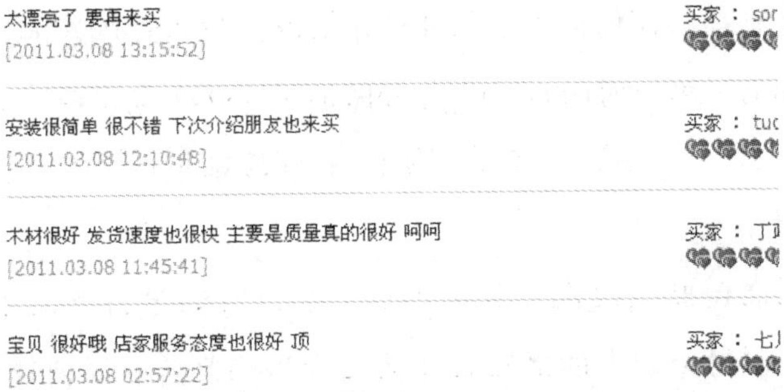

太漂亮了 要再来买　买家：sor
[2011.03.08 13:15:52]

安装很简单 很不错 下次介绍朋友也来买　买家：tuc
[2011.03.08 12:10:48]

木材很好 发货速度也很快 主要是质量真的很好 呵呵　买家：丁
[2011.03.08 11:45:41]

宝贝 很好哦 店家服务态度也很好 顶　买家：七
[2011.03.08 02:57:22]

图 4 – 13　刘兴利网店的用户评价（三实家居旗舰店）

网销业以诚信为本，商家应该通过诚实劳动积累诚信。为了赢得消费者的信赖，创始人之一的孙寒的网店提出了："简约空间的精致追求"的口号，并在显著位置贴出了木质家具的检验报告。他们希望通过自己的努力，实实在在的经营，赢得消费者的信赖和选择。

图 4 – 14　孙寒产品的检验报告

4. 责任

互联网不仅让沙集的网商们赚到了钱，也让他们有了社会责任感，自觉地回报社会。前任村支书王维科介绍说："2008 年汶川地震，村里的网商得知后，第一时间自发地为灾民捐了 20000 多元钱。"这在村里是空前的，但不是绝后。之后，他们又为县城里的贫困大学生捐了 4000 多元钱。

沙集网商在形成规模和影响力后，并没有满足自己的小店生意，大家聚在一起讨论最多的话题是如何建设沙集品牌、如何让沙集品牌发扬光大。针对网商发展中的瓶颈，网商协会代表大家请来了淘宝大学的老师和专家进行专门的经验介绍和运营培训，以期提高网商的整体素质。另外，沙集网商协会正在制定沙集家具质量执行标准和客户服务规范，作为沙集家具网商和生产商的自律性规范，用以引导自己的经营生产行为。

另一件事也体现了沙集网商的责任感。沙集网商协会成立后，2011 年春节刚过，小伙子们就开始忙活上了。他们首先针对镇里的贫困户进行培训，希望能够帮助贫困户们掌握一门工具，利用电子商务减贫或者脱贫，让每个村民都能够有尊严地生活。

5. 规划和思考

在沙集镇网店遍地开花、知名度日益高涨之际，网商们并没有满足，他们正在考虑下一步发展。

（1）愿景美好

调研过程中，每接触一个网商，调研组都会被他们的热情和对网店的美好憧憬所感染。很多网商表示，他们要把东风村建设成为苏北电子商务第一村。

孙寒说，他下一步计划是让沙集镇出现类似百安居这样的家居超市，并打算开设实体店，已经有了初步规划："第一站就是在北京。"同时，孙寒看好简易家具的外贸市场，打算下一步重点挖掘线下的出口贸易，做到网上和网下、内贸和外贸齐头并进。

曾当过企业高管的刘兴利表示，希望在村里建设四个中心：产品展示中心、物流中心、木材交易中心、培训中心。针对自己的网店，他的想法是推动自己的网店快速转型，发挥自己管理和营销的优势，以营销为主。具体做法是自己不再保留生产加工环节，把现有的工厂变成仓库，产品完全在其他加工厂定制，采用贴标生产方式。

刘兴启打算未来在产品创新上大做文章，突出自己产品的差异化优势，摆脱同质化竞争。为了保护知识产权，他会为自己的商品陆续注册商标，适当的时候还会申请专利。

陈雷的 QQ 签名更让人感动："不为目的，只为意义。其实过程更美好，此生无憾事"。

（2）品牌化经营

随着进入农户的增加，家具网销市场竞争日益激烈，网商们越发重视网店的品牌经营。好的品牌不仅能让用户方便识别，保持忠诚度，也是树立信誉，保持竞争优势的武器，能为网店的持续发展提供原动力。在东风村关于网货的调查中，67% 的网商都提到了品牌问题：品牌知名度低或没有注册品牌。他们纷纷表示，在下一步的运营中，将把主要精力投入到品牌建设上。目前，孙寒已经注册了三家公司，并将旗舰店进驻到淘宝商城。

（3）产品创新

面临越来越激烈的市场竞争，网商们认为最好的出路就是不断创新。包括产品创新、品牌创新、管理创新、营销创新，等等。从最原始的木条拼装家具，到板式家具，再到实木家具就是一次次创新。尤其是目前，几个前卫网商还开始了钢构家具的研发。从工艺上，一些网商们推出烤漆、雕花等工艺。从款式上，推出自主设计产品。为此，孙寒已经请了一位专业的家具设计师，开拓原创作品。据悉，孙寒的工厂每天都能推出两到三款产品图纸。从包装上，网商们正在实验采用新型材料，以保证长途运输更安全。

6. 充满希望

沙集农民网商在不经意间做大了一个产业。尽管当前还面临着发展中的诸多瓶颈问题，但是网商们对未来充满了希望。在被调查的网商中，对个人网店的前途评价全部在 5 分以上（满分 10 分），其中

40.4%的网商对网店的前途评价是 10 分，对未来评价为 8 分及以上的网商占 80.8%，如图 4 - 15 所示。当问及网商对未来充满希望的原因时，网商们认为原因之一是网购家具市场非常大，只要踏踏实实做，没有不成功的；原因之二是沙集网商目前已经具有先天的品牌、经验及规模优势，为未来的发展奠定了坚实的基础；原因之三是目前的外界支撑条件基本能够满足网店发展的需要；原因之四是很多经营规模大的网商给他们做出了很好的榜样，让他们看到了发展的希望；原因之五是从事网销家具业投入相对少，风险小，即使不成功也不会造成较大损失。

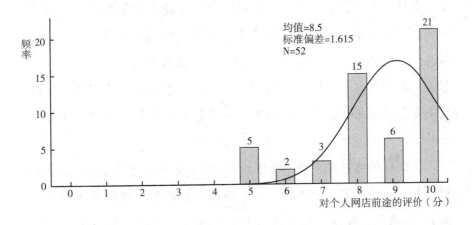

图 4 - 15　网商对网店的前途评价

四　农村特有的亲情关系和口碑传播

在农村，世代人都居住、劳作在同一块土地上，活动范围较小，乡邻都非常熟悉。农户们不仅形成了各种血缘关系，也积累了相似的生活习惯、文化和价值观。不管是亲朋还是邻居，妇女们在农闲时串门和聊天来消磨时间，孩子们每天聚在一起玩耍，男人们凑起来切磋农活和时政新闻。在这种情况下，口碑传播已经成为信息传播的最主要途径之一。这种传播，不仅传播范围广、传播速度快，并且可信度更高。

另外，中国农民有较强的从众心里。受几千年靠天吃饭的传统小农经济思想的影响，农民对于新鲜事物有从众的一面。新想法、新做法通常都是通过亲朋或是邻居们试用后，以口头的方式被传播采纳的。

农户之间是竞合关系。农户是网店经营的主体，农户间的关系形成了农村特有的社会土壤，在推动沙集电子商务发展的同时，带来了一种新型的竞争合作关系。网店兴起初期，挣钱很容易，小伙子们商量过，不把网销致富的秘密告诉别人。但很快发现不行，自己的亲朋好友、左邻右舍不能瞒，也瞒不住。这里，农村与城市迥然不同的社会关系所形成的社会资本，对农村网商裂变式的复制快速发展起到重要的促进作用。

从信息传播过程来看，沙集模式的信息扩散过程符合 Rogers 模式。根据 Rogers 理论[1]，占比2% ~3%的自发创新者（沙集模式中的"三剑客"）将网店经营经验传递给占比10% ~15%的意见领袖（东风村的王朴、王跃等），再传递给更多的早期大众，直至传递到最保守的后知后觉者，直到全面普及。而网商模仿采纳过程，大致经历六个阶段：①知晓；②对网销业发展前景的态度和判断；③决策是否参与；④初步尝试；⑤评价是否适合自己及如何行动；⑥全身心地投入和采纳。传播过程如图 4-16 所示。

---

① Rogers. Everett: the diffusion of innovations [M]. 3rded. New York: Free Press, 1983.

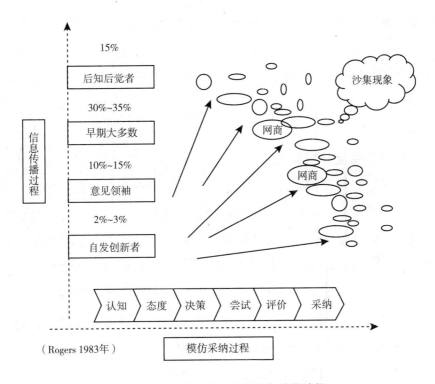

图 4 – 16　"沙集模式"的信息扩散过程

五　当地政府的支持

　　沙集模式的快速发展，与当地政府"不越位""不缺位"的扶持理念和做法有很大关系。沙集网销业是自发式发起、裂变式生长，但是，市场的力量并不是万能的，土地、资金等问题，靠农民自己的能力是解决不了的，还需要政府的支持和引导。县政府和镇政府主要领导多次调研，组织网商座谈，调查农户在网销业经营中存在的困难。政府部门根据网商提出的需求，陆续推出了一些适宜的扶持政策。沙集镇公路两旁的广告牌打出了"打造农村电子商务沃土"的标语，显示出当地政府对农民网商的呵护。在调查中，34.7%的农民网商对当地政府的支持给予了满分评价，另有30.6%的网商给予了8～9分的评价（满分10分），85.7%的网商给予了5分以上的评价。2010年9月，在第七届网商大会上，沙集镇获得"最佳网商沃土奖"，成为该奖项唯一得主。

1. 充分肯定并高度重视

睢宁县王天琦书记和王军县长分别视察了东风村网商一条街，对农民自发式地通过经营网店自主创业的行为给予了充分肯定。他们嘱咐随行的主管部门官员，农民网商正处在创业期，不要打扰农民的正常经营，并且要在税收等方面给予优惠政策。县领导对各部门明确提出"后置性服务"的行政管理原则，农民网商如不主动要求，各部门不要去过问网商的经营；一旦网商遇到困难向政府提出要求，政府部门就要及时出面，努力帮助网商解决问题。

当有人对网商家具加工厂的防火安全提出了警告后，沙集镇党委书记黄浩立即联合公安消防部门磋商，除了开展对农民网商防火安全意识和安全知识培训外，还立刻决定在东风村设立消防中队。

2. 吸收网商和专家参与相关决策，提供适宜的发展环境

为了进一步改善当地网商的发展环境，县镇政府在制定相关政策时，更加注意听取网商的意见和建议。县发改委加强了政策调研的力度，县商务局在出台鼓励网商发展的政策文件前，主动将草案拿到网商中征求意见。县商务局的领导明确表示，既然这个文件就是为网商制立的，当然首先要得到网商的认可。

沙集网商的发展壮大和当地提供的宽松发展环境不无关系。在沙集调研的时候，社科院的汪向东主任和阿里巴巴集团的梁春晓副总裁都提出草根创业初期，内生发展很重要，政府干预过多，可能会拔苗助长，阻碍草根网商发展。睢宁县委书记王天琦了解到专家们的担忧后，他公开表示，政府各部门不得干涉东风村的草根创业激情，一定要提供最大的创业空间。王书记在多种场合表态并且严格要求："政府不得去管东风村，除非他们亲自提出要求，否则政府不得介入。""工商、税务部门要'放水养鱼'，解放思想、做好服务""政府的有效服务就是不干预、不罚款"。

3. 成立网络创业一条街和网络创业示范基地

为了鼓励更多的农民参与网络创业，睢宁团县委组织网商成立网络创业一条街和网络创业示范基地。2009年，沙集镇团委组织全县100名"苏北计划"志愿者和大学生村官开展网络创业培训。培训班上，孙寒作为青年创业导师，为大家讲解了如何在网上开店，如何销售产品，如何从厂家拿货等一系列网络创业知识，大家也都非常仔细地聆听并争相提问，培训结束后，有100多人在网上注册了"共青团睢宁县委青年创业联盟会员店"。很多村官从网上店铺里赚到了钱，并带动更多的农户脱贫致富。创业培训推动了沙集经验的传播，助推网销规模快速扩张。2010年，沙集镇团委联合镇劳动就业组织，组织返乡务工青年92人到东风村网络创业一条街学习培训，鼓励他们回家就业、创业。另外，镇党委还联络县职教中心联合开展宣传培训工作，邀请电信公司、物流公司等举办物流、网络知识及现代服务理念讲座，提高网商网络技能，强化诚信意识。

4. 解决网商资金和厂房困难

网商们扩大生产规模，需要生产基地和资金。为帮助农户解决网销所需的资金困难，团县委还颁布了"推进青年创业小额贷款工程意见"，联合金融机构推出青年创业小额贷款工程。从2009年年底到2010年年底，镇团委帮助东风村的130多名创业青年，成功贷款1200

余万元，解了他们的燃眉之急。

为进一步推动沙集网商网店健康、快速、可持续发展，2011 年 3 月，睢宁县召开了包括网商及工商、税务、金融等政府部门的座谈会。在会上，王天琦书记要求，各部门要下大力气优化对沙集网商网店的服务，金融办要尽快协调各家金融机构到沙集解决贷款难问题，增强现有网点营业能力，同时增设新的营业网点。

为了解决农民扩大厂房所需要的土地问题，镇政府专门在开发区开辟一批专业厂房，降低农户们的入驻门槛。网商可以单独也可以几家联合入驻，为网商提供了更为广阔的发展空间。

据悉，县政府和乡政府还将根据网商们提出的融资、物流、交通、人才等需求，陆续出台鼓励政策，推动沙集网销业的稳健发展。

第五章　网商面临的挑战

目前，沙集家具网销业已经初具规模。但是，沙集网销业的持续、健康发展仍面临诸多瓶颈问题，如缺少龙头企业、产品同质化竞争、砸价现象时有发生、产品质量隐患、品牌和知识产权问题等。

1. 缺少龙头企业，项目建设生产水平整体不高

沙集网销业整体水平不高，缺少有带动作用的龙头企业。沙集网销农户虽然数量众多，但是这些网店成立的时间都不长，将近70%的农户没有实体加工厂，仅仅拥有虚拟的网络商店。只有个别企业的年销售额超过100万元，雇佣员工人数超过20名。即使有加工厂的网商规模也不够大。绝大多数农户的加工厂还没有摆脱家庭作坊形式，生产工艺和企业管理还相对落后，离现代规范化工厂差距甚远。目前，沙集网销业还没有一家成规模的龙头企业，能够对其他企业起到号召和引导作用。

有这样一个例子，农民网商王敦浩接了两个订单，其中一个来自台湾大概每月10万元，一个订单来自上海，每月大概6万元。但是，这个台湾客商几次三番要求来沙集镇参观王敦浩的工厂。王敦浩眼睁睁看着自己的家庭作坊心虚，不敢让台湾客商来村里参观。王敦浩迫切需要扩大生产能力，建设新厂房，引进先进设备，建设现代化工厂。在得知调研组进村调查的消息后，他主动找来当面反映问题，希望调研组向上级政府转达意见，帮助他早日解决问题。

在大城市打过工的王鹏也有这样的顾虑：一旦买家看到家庭小作坊式的工厂，就会对企业的实力和能力产生质疑，会担心产品的质量和售后服务，从而影响网店的销售。

2. 存在同质化恶性竞争现象

沙集模式快速普及的重要原因就是简单相互模仿、细胞裂变式快速复制。很多网店没有自己的设计和产品，直接拷贝其他网店的照片。一旦有用户下订单，就直接到其他网店拿货。有的网店为了扩大销量，争取信用额度，不断压低价格，进行市场推广，使得整个拼装家具市场的价格一降再降。价格下降缩减了利润空间，一些网商迫不得已选择劣质木材作为原料，结果产品质量整体下滑，影响了沙集品牌的信誉。

仿制者的增多，导致产品相似度越来越高，"只要做了一款新产品，不出三天，整条街都是这种产品。"模仿者的价格更低，销量更大，导致创新者的投入不能换回相应的回报，抑制了创新的积极性。一段时间来，沙集网销业陷入低水平的同质化恶性竞争。

本次调查数据也显示，当地网商已经清晰地认识到恶性竞争是制约沙集网商发展的头号障碍，25.34%的网店店主认为当前经营中的主要困难就是恶性竞争，14.38%的网商认为扩大产品种类和提升产品质量有困难，如图5-1所示。

网店恶性竞争给网商带来了不良影响。在认为网店竞争是坏事的被调查者看来，是网店竞争导致个别网店搞坏信誉（36.8%）、压低了销售价格（31.6%）、导致销量下降（17.5%）、招不到人才（14%）。

孙寒坦言，虽然今年的销售额是去年的两倍，但板式家具的暴利

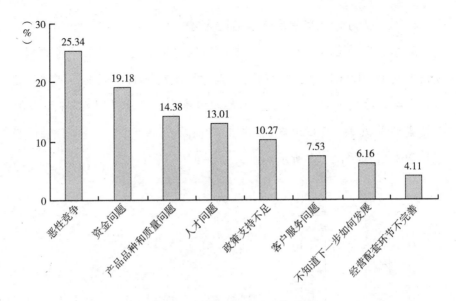

图 5-1　网商运营中遇到的困难

时代已经一去不复返。网店需要提高工作效率，靠"走量"来赚钱。
"去年一天销售额三五千元，业绩算不错，但今年如果一天销售额只有
五千，可能生意就不大好。"

　　以书架为例，前三年，拼装书架的批发价是 388 元；两年前，拼
装书架的批发价降到 258 元；而目前已经掉到了 150 多元，只相当于
当时的成本价。价格下降，导致书架的品质也不断降低。最开始，书
架的长度是 1.76 米，后来有人就把它缩到 1.70 米，还有人再往下缩，
缩到 1.60 米、1.58 米。最开始木板的厚度是 1.0 厘米，后来被改成
0.96 厘米，再后来又改成 0.9 厘米、0.85 厘米。以前，书架上边可以
轻松站上一个成年人，目前的书架连一个小孩都撑不住。质量的下降，
导致书架放一本 A4 大小的书都困难，这类书架已经不再能满足消费者
的要求，最后迫不得已退出了市场。由于无序竞争，自己人砸了自己
的市场。

3. 缺乏人才，尤其是高端复合型人才

人才成为制约网销业发展的重要因素之一。在针对东风村的网商调查中发现，13.01%的网商认为，人才是制约网店发展的重要因素之一。当前，沙集网商面临的主要人才困难有：缺少人才（74.50%）、人员流动性太大（74.50%）、员工培训难（29.80%）、员工素质低（17.00%），如图5-2所示。

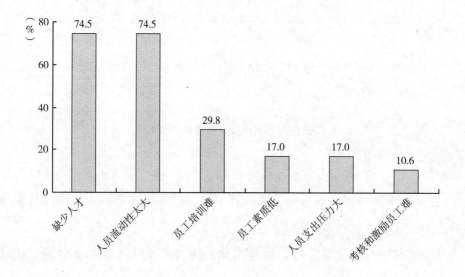

图5-2 网商在人力资源方面遇到的困难

首先是人才缺口大。沙集网销业的兴起，虽然大量外出打工人员陆续返乡创业和就业，但是人才缺口仍然很大，大到工厂的管理人员、家具设计师，小到网店的客服和工厂的包装人员。

这几年，随着沙集网销业的成长，招工从易到难。硕研家具厂的王朴就经历了这样的过程。他深有体会地介绍说："2008年沙集网店业还没形成规模时，招工非常容易，刚办厂的时候，我要20个人，最后来了50多人报名。"可如今，招工比登山还难。2011年正月初六，王

朴兄弟俩就去了邻近的宿迁人才招聘会，费尽周折才招到 2 名木工。加上其他途径招过来的，现在还缺六七个人。

现在，东风村每个网店的门口几乎都挂着招工启事。孙寒创办两家家具工厂，也因为带动本村劳动力就地就业而获得了沙集镇"身边的好人"称号。不久前，他刚聘请了一位大学生设计师，主要负责三维图像的设计。但是，随着工厂的扩张，人才需求依然很大，孙寒搓着手说："人手不够，还想招人，一时间招不到。"

面临家具网销业美好的市场前景，沙集网商最缺的是高端复合型人才：既懂现代企业管理，又了解网店运营规律的管理人才；既懂得家具加工，又会操作现代化设备的木匠；既懂得家具设计，又了解市场需求的设计师。沙集网商虽然已经达到一定的规模，但是跨越发展中的瓶颈，是一道更难的坎儿，需要一群具有市场经验和知识底蕴的高端人才。目前的网商多是农民或农民工，缺乏企业管理和运营经验、专业技术知识，以及长远发展的战略眼光。引进高端人才是快速、健康发展的重要保障。

其次，人才流动性大，也是制约沙集网销业发展的障碍。网店招工以后，往往是招聘人员的试用期还没到，他们就纷纷辞职。由于开网店的进入门槛低，经过两个月的培训和实践，打工者基本就能掌握开店要领和网销业的经营流程，于是多数人选择离开雇主，自己创业开网店。很多网商感慨："招聘外人就等于花钱培训竞争对手。"如何留住人才，发挥人才的能动性，也成为网商们需要迫切解决的问题。

4. 知识产权问题存在隐患，缺少自主品牌

沙集家具网销业从模仿宜家家居和韩式家具起家。虽然已经陆续有一些大的网商开始注册公司、申请商标、设计原创家具，但是大部分网商仍然处在低水平模仿阶段，缺少自主品牌。网商经营中较大程度上存在侵犯商标权、专利权等隐患。比如，照搬他人的精美产品图片已经蔚然成风。由于知识结构和成长经验所限，大多数沙集网商并不了解有关知识产权方面的知识，不具备全面的知识产权意识，没有注册商标和申请专利的经验。在这种情况下，如何保护自己的知识产权，又不侵犯他人的权利，减少知识产权隐患是沙集网商成长所面临的另一大课题。

网商也清晰地意识到网店商品所面临的问题。调查显示，网商认为，当前网店商品所面临的三大主要问题分别是：品牌知名度低、产品创新难、没有注册品牌见图 5 - 3。

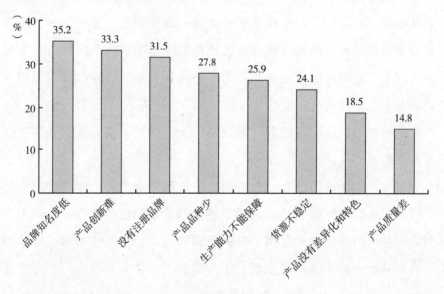

图 5 - 3　网店商品所面临的问题

5. 缺乏区域性战略布局

沙集网销业通过自发式产生，裂变式发展已经形成一定的规模。但是，未来如何发展，还没有整体发展规划和思路，包括缺乏整个沙集镇网销业的发展战略、区域合理化布局、品牌建设和现代化管理设想，等等。目前，沙集镇网销业整体发展水平还比较低，区域内分工体系还未形成，离专业化生产、一体化经营、社会化服务、企业化管理的发展目标还有一定差距。特别是，沙集镇还缺少成规模的木材、零配件企业，物流配送环节服务水平良莠不齐，网商服务商和培训机构还不能满足网商的需求。从网商个体方面来讲，他们在管理、营销、技术、设计、发展规划方面的能力和素质还有待提升。

6. 配套服务环境需要继续完善

配套服务环境还需进一步改善。配套服务环境是网商继续发展的沃土。在调研中还发现，网商对电信、供电服务有一些意见。比如，接入宽带困难、宽带价格高、稳定性差；针对供电部门，工业用电申请难；针对金融服务，贷款难、贷款金额少、周期短、流程复杂；针对物流服务，物流费用高、服务差；针对村镇政府部门，网商们建设厂房产生大量的用地需求无法得到满足；针对淘宝平台，希望制定更明晰的交易规则，给予农民网商更多的培训和优惠政策。调查数据同样显示，网商提出改善配套服务环境的需求，其中，19.18%的网商缺少资金，10.27%的网商认为政策支持不足，4.11%的网商认为经营配套环节不完善。

7. 政府传统工业化观念的制约

沙集网销业快速成长的一个重要因素就是当地政府对网销业"不越位""不缺位"的扶持。但是，仍然有一些领导干部对农民网销业持漠然态度。在我国很多地市，为了发展地方经济，都在走"招大引强"的招商路子，主攻工业大项目和配套产业项目，资金也是向大项目汇聚，政策向大项目倾斜，甚至基层领导业绩考核也是以招商引资的数量和规模作为考核指标。这种传统工业化的发展思路，不利于发展网商和形成集群效应；不利于鼓励大众创新和小微企业成长。

第六章　政策建议

通过调研，课题组形成两个方向的政策建议。一是针对沙集网商进一步发展面临的具体问题，向当地党政领导机构和主管部门提出建议；二是从沙集模式的研究中得出的对全国农村电子商务发展及解决"三农"问题相关的政策启示。

一　关于促进当地网商发展的政策建议

实际上，在调研过程中，课题组就建议睢宁县和沙集镇党政领导重点研究和改进网商发展政策。我们调研中有不少内容涉及政策问题，特别是直接从网商那里听到了他们大量的政策建议和要求。为了将这些富有价值的信息及时转达给当地领导，我们承诺在课题组离开睢宁前，哪怕加班开夜车，也要把这部分内容先整理出来，留给当地领导，供研究政策时参考。在调研组离开前，我们整理出了那份政策清单，把调研中涉及网商发展的政策性问题，包括来自网商的政策要求，也包括我们调研组的同志当时想到的一些建议，留给当地县、镇领导。

针对当地网商发展面临的具体问题，我们提出以下八条建议。

第一，转变观念，在发展大项目的同时，重视中小企业和集群经济，促进新商业文明的建设。在现有业绩考核体系没有根本变化的情况下，我们特别建议睢宁县、沙集镇的领导，采取两条腿走路的办法：一手继续抓大项目，另外一手，腾出一些精力来促进中小企业，促进集群经济发展。如果条件许可，后边这一块步子更大一些。这符合党的十七届五中全会的精神，代表未来的方向。

第二，建议当地政府实行一把手工程，集中解决网商发展中面临的突出问题，针对网商迫切需求推出一些政策。比如说，针对土地问题、资金问题、人才问题、能力建设问题，推出一套优惠政策，帮助网商突破他们自己难以逾越的发展瓶颈，同时进一步改善政府对网商的公共服务。有一些问题是市场自己可以解决的，就让市场去解决，政府不越位。对于那些市场自身解决不了的，网商自己突破不了的瓶颈，政府应该不缺位，要出台有针对性的政策措施。增加资金投入，给予重点扶持。鼓励农村信用社和邮政储蓄银行等，加快改进对龙头和成长型企业的信贷服务，切实解决企业资金紧张的问题。继续落实税收优惠政策，按照扶持新兴产业的原则，给予企业暂免征收所得税。改进用地管理，合理解决网商所需要的建设项目用地。

第三，针对网商之间的关系，建议引导网商进行合作，扶持成立以网商为主导的商业联盟，充分发挥其作用。通过商盟，加强行业交流和自律；通过规范，提升产品质量；引导网商走个性化、品牌化、多元化的道路。解决网商发展的恶性竞争问题，有两个出路，一个是规模化，通过做大规模，减少单位产品的成本；另一个是走差异化、个性化和品牌化的道路。因为是网销，运营方式更灵活，网商可以直接面对客户，按照客户个性化、差异化的要求去提供产品和服务，比如家具的个性化定制。品牌化道路是通过树立品牌形象，提升产品的可信度和附加价值，以区别于其他品牌产品。要鼓励更多网商搬进淘宝商城，注册自己的商标，扩大品牌化经营。多元化道路就是除了提供简单拼装家具产品以外，向新、全、优多个方向发展，以减少单一产品的运营风险。

第四，针对网商生态系统或网商服务商，建设良性互动的产业链条。网销的生产线拓展越快越好，越丰富越好。要加强对网商生态系统和产业链的跟踪和研究，有针对性地开展上下游配套的产业建设。建议发掘已有网销生态系统的作用，制定优惠政策，加大对外部产业资源的吸引和集聚。通过市场化手段，引入更多木材、板材、零配件、网商服务企业的进驻，鼓励更多从事产品设计、技术服务、管理培训等企业与网商开展合作，不断完善当地产业生态的物种。在当地政府已明确率先推广沙集模式的情况下，更要引导其他村镇结合本地特点，发现更有前景适合网销的新产品，形成新的网销增长点，鼓励百花齐放。

第五，建议以网销产业发展为契机，加快当地产业结构的调整和升级，转变发展方式。在加快用网销的新产业代替原来废塑料的旧产业过程中，主要靠市场的力量，政府的政策也要有倾向，一旦农民觉得网销更挣钱，产品结构的调整就会顺利得多。要利用国家污染治理等一些硬性政策，借力加快结构的升级和调整。通过政府政策调控下的市场信号、更多靠市场力量来引导结构调整和升级，更扎实，更可靠，更持久。

第六，鼓励当地有条件的网商脱颖而出，形成网商的龙头企业和行业标杆，带动其他网店，提升产业集群的整体竞争力。政府要给予必要的帮助和引导，但不能越俎代庖。对于相对较大的龙头企业雏形，要通过股份制、项目配套等多种方式，支持和鼓励社会资本投资当地网店经营。要鼓励网商按照建立现代企业制度的要求，建立完善的企业管理制度，加快经营机制和经营方式创新，提升产业总体水平。政府应加大扶持力度，推动企业设备更新，鼓励技术和设计创新，推动企业开发新产品。政府要按照发展特色、做大规模、突出效益的原则，进行区域化布局、规模化经营、标准化生产，优化资源配置。要鼓励网商加快建设四大基地：生产加工基地、原材料及零配件基地、物流基地、产品展览展示基地。要充分发挥农户和企业的投资主体作用，把发展民营经济与发展龙头企业紧密结合起来，引导农村集体经济组织、民营企业、农户和社会资金，向产业化经营聚集。要引导企业与农户、基地建立稳定的、紧密的合作共赢机制，形成风险共担、利益共享的经济利益共同体。

第七，建议深化"沙集模式"的研究，提升整体品牌形象，形成更好的外部环境。要在精心打造自己品牌形象的基础上，争取更多外部的支持，就需要深化对"沙集模式"的研究，"沙集模式"研究得越透、越准，品牌建设的工作做得越实，这个品牌就越能立得起来，对外的吸引力就越强。要以开放的思路和心态，加强全国范围内的学习和交流，从资金、技术、原材料和生产等方面面向全国开展全方位的合作，提升网商整体水平，实现健康持续发展。要多渠道吸引资金、技术和管理参与当地网销业的发展。

第八，建议尽快调整对基层领导的考核体系。在全国的考核体系没有根本改变的情况下，建议睢宁县能够针对沙集的情况做一些专门的政策安排，对促进网商发展实行鼓励性的干部考核标准。这样，对发展网商和集群经济非常有利。

二 关于"沙集模式"对全国相关政策的启示

"沙集模式"对全国农村电子商务发展和解决"三农"问题，具有重要意义。这里，重点结合目前我国农村电子商务发展中存在的问题，课题组特提出如下建议：

（一）"十二五"时期应继续把推进农村电子商务放在战略优先地位

发展农村电子商务意义重大。从"沙集模式"不难发现，农村电子商务大有可为，发展农村电子商务可以有助于解决困扰我国多年的"三农"问题，有助于提高农民素质、增加农民收入，推动农村经济发展方式转变，促进农村社会的和谐发展。中国农村人口 7.37 亿，提高农村信息化和电子商务水平是提高整个民族竞争力的关键。

目前，我国已经基本具备发展农村电子商务的条件。CNNIC 报告显示，截至 2009 年年底，我国农村网民达到 10681 万人，年增长 2220 万人，年增长率 26.3%。其中，农村手机上网用户约为 7189 万人，年增长率 79.3%。一方面，政府主导的"村村通""信息下乡""三网融合""金农工程""农村商务信息服务工程""乡乡有网站""户户通"等一系列工程不断拓展覆盖。另一方面，以淘宝网为代表的市场化公共电子商务基础设施，现在已经发展成熟，任何人都可以免费开店，进入市场门槛极低。困扰我国电子商务发展多年的支付问题已经基本解决。快递业迅速发展，使得物流可以迅速到达全国的各个角落。

发展农村电子商务要克服对农民的偏见。长期以来，一直存在一种观念认为，农民文化素质低、思想保守落后，他们不了解最新的信息技术，缺少利用网络搜集、分析信息的能力，不会应用电子商务。而"沙集模式"启示我们，虽然对农民进行培训是必要的，但更关键的因素是解决农民从事电子商务的内在积极性问题。只要电子商务能与他们切身利益挂钩，农民能从中获得实惠，他们就会主动学习相关的知识,并利用这些知识在网上开店做生意、服务客户、获得收入,使自己的生活和当地社会发生巨变。网络技术的发展也能让应用变得越来越便捷,操作越来越简化。根据沙集经验,即使用一两个手指头敲键盘("一指禅""二指禅"),农民照样可以在网上谈生意。中国农民勤劳智慧,即使是从事农业生产,也都是参与生产、加工、交易的全过程实践,具备生产和对接市场的双重能力。

目前,我国电子商务已经发展到了日益冲击原有既得利益者根基的程度,"十二五"时期由电子商务引发的利益摩擦将日益增多。政府应坚定不移地支持包括农村在内的电子商务发展,制定完善的农村电子商务发展战略规划,要继续完善和贯彻落实国家和地方已出台的发展电子商务的相关部署和政策。针对电子商务深入发展触及的深层利益结构问题,通过改革与转型破除未来电子商务发展的体制机制障碍。

(二)将电子商务纳入我国农村减贫扶贫的主流工作体系中予以推进

我国农村人口众多,发展不平衡,农村减贫扶贫的任务一直很重。从国家实施《中国农村扶贫开发纲要(2001~2010年)》以来,农村扶贫开发取得巨大成就,但是仍然存在不少需要解决的问题,扶贫开发主流工作体系也存在值得进一步改进之处。其中之一就是对通过电子商务等信息化应用进行减贫扶贫缺乏相应的关注,甚至在主管部门发布的重要政策文件中,连信息技术、互联网、信息化的字样都没有。在互联网时代,忽略信息技术对于农村减贫扶贫的作用,不能不说是一个巨大的缺憾。

当今,国际社会不仅提出广义减贫的范畴和目标,而且特别重视发挥信息通信技术在减贫中的作用。从1984年国际电信联盟著名的

"美特兰（Maitland）报告"——《缺失的环节》（the Missing Link），
到 1995 年世界银行专门设立名为 InfoDev 的基金，再到世纪之交，全
球关注"数字鸿沟"问题，重视信息化特别是互联网发展不平衡带来
的信息贫富差距，强调将信息通信技术用于减贫，成为国际社会的共
识和政策取向。自 2003 年哈佛大学世界发展研究中心举办"信息通信
技术与减贫"大会以来，ICT4D（Information & Communication
Technology for Development，即信息通信技术与发展）和 ICT4P
（Information & Communication Technology for Poverty Reduction，即信息
通信技术用于减贫）成为流行概念；联合国 2003 年、2005 年两次召开
世界信息社会峰会（WSIS），更是把信息通信技术作为实现《联合国
千年宣言》发展目标的手段，明确指出"要坚定不移地赋予穷人，特
别是生活在边远地区、农村和边缘化城区的穷人，获得信息和使用信
息通信技术的能力，使其借助互联网工具摆脱贫困"。

就广义减贫的不同方面而言，国外学者认为，信息通信技术对经
济、教育和卫生健康、促进社会民主和政府透明，以及民众参与均具
有积极作用。信息通信技术的应用不足，不仅本身就体现了贫困（如
农民使用信息通信技术越少，说明农民越贫困），而且信息通信技术应
用的缺乏，还将加剧农民的贫困，比如机会的贫困、效率的贫困、规
避风险的贫困；反之，增加信息通信技术的应用，则有利于贫困农民
的减贫，这种减贫不仅仅是经济意义上的减贫，还有更多的政治、社
会意义上的减贫。在实际操作上，美国、英国和日本都早已利用信息
通信技术减贫，国际组织大力推动马来西亚、印度、拉丁美洲甚至非
洲广泛应用信息通信技术来减贫，取得了良好效果。

将国内外以上情况加以对比，不难看出，在我国现有农村减贫扶
贫主流模式中，存在轻视甚至忽视信息化重要作用的问题。尽管农业、

商务、工信等部门在农村和农业信息化方面采取了不少措施，特别是近年来配合建设社会主义新农村，加大了农村和农业信息化的力度，但在农村扶贫主流工作体系中信息化的缺失，仍然是一个明显的缺陷，值得在制定和实施"十三五"规划时加以弥补。

"沙集模式"的成功，为互联网时代我国农村的开发式扶贫，提供了新鲜生动且富有说服力的案例，对于我国农村减贫扶贫具有非常重要的战略意义和应用价值。"沙集模式"创造了贫困农民通过互联网和电子商务摆脱信息弱势，通过直接对接市场掌握订单权和定价权，从而提升自身经济和社会地位的成功经验。沙集农民网商利用电子商务创业致富，不仅在经济上脱贫，而且不容易返贫，同时更提升了自身的能力，收获了应有的尊严，体味到人生价值实现带来的满足和幸福。当地农民的电子商务应用，不仅实现了本地劳动力回乡创业和就地致富，还带动了外地剩余劳动力就近就业和脱贫。

在互联网时代背景下，"沙集模式"完全应该也可以纳入我国农村减贫扶贫主流工作体系。对于我国农村减贫扶贫来说，"沙集模式"理论上立得住，实践上可行且效果明显，同时作为我国农村土生土长又对接国际社会主流减贫模式的成功案例，值得我国学者和政府主管部门高度关注。我们建议国家在谋划"十三五"农村减贫扶贫规划时，对"沙集模式"的研究推广给予应有的重视，将信息化纳入农村扶贫"十三五"规划和新的"十年纲要"之中，予以贯彻实施。

（三）鼓励自下而上的农村电子商务发展，探索自上而下农村电子商务与其结合的路径

经过多年的发展，我国事实上存在着两种不同的农村电子商务。一种是自上而下式，一种是自下而上式。前者的特征是由政府主导、

国家投入、通过官方机构或者是带有官方背景机构运营的平台来做电子商务；后者是由市场牵引、社会或用户自己投入、农民自发地利用市场化的平台开展电子商务。这两种电子商务做法的动力系统是不一样的，自上而下式是靠政府为主导的外在力量推动农民做电子商务，就是"要农民信息化"；反过来，自下而上式是靠农民自身的动力开展电子商务，它是"农民要信息化"。不同的动力系统带来的结果也是不一样的。有官员直言不讳地评价自上而下的农村信息化："即使不能说农业信息化失败，但也不能说它成功。"自上而下式普遍遭遇的问题，就是"信息化不等式"的挑战，即能力不等于应用，应用不等于有效。多年来，我们在农村信息化方面已经建设了相当的能力，但是用得怎么样，有多少农民在用？他们用的效果怎么样？现有能力使用不足，效果不理想，是自上而下农村电子商务的突出问题。

反观以沙集模式为代表的自上而下式农村电子商务，农民自发利用市场化的平台，不要国家投入一分钱，信息化应用的效果非常显著。无论发展自上而下式，还是发展自下而上式的农村电子商务，其实其根本目的或要解决的根本问题是一样的，这就是要用信息化的手段去解决"三农"问题，特别是用电子商务的手段去解决农村家庭联产承包后，一家一户的小生产对接大市场的问题。要解决这一问题，不能不在原来的"公司+农户"的结构中加进"网络"的元素，信息化是必不可少的。鉴于存在着不同的农村信息化和电子商务的实践做法，那么，衡量和评估农村信息化与电子商务成功与否的根本标准是什么？在我们看来，既然农村信息化和电子商务要解决的根本问题，是农户分散的小生产与大市场的对接问题，那么，衡量其成功与否的最根本的标准，就是要看农民是不是由此掌握了订单权和定价权，这是检验农村信息化、农村电子商务是否成功的最根本的标志。如果农村信息化开展了多年，农民面对市场依然盲目被动，仍然被人牵着鼻子走，订单和价格听由别人来定，自己没有话语权，这样的农村信息化和电子商务远谈不上成功。

因此，未来我国农村的电子商务应该从两方面努力。一方面，是"播神火"，传播、鼓励和促进发展自下而上的农村电子商务，营造良好的政策环境，帮助农民解决开展电子商务过程中遇到的自身难以克服的问题，让自下而上的电子商务星火燎原；另一方面，是"接地气"，探索将已有的自上而下的电子商务与自下而上的电子商务结合起来，与农民自身的内生动力结合起来，将悬在半空的农村电子商务和信息化落在坚实的大地上。

（四）继续改善农村电子商务的基础环境

自下而上的农村电子商务的发展，更多需要依靠市场的力量，放手让各地根据当地的实际情况和资源特色，选择适合的电子商务模式，反对不根据实际情况，盲目引进推广的"一刀切"的做法。另一方面，市场也不是万能的，政府和有关方面为自下而上的农村电子商务解决发展瓶颈，营造良好的基础环境也非常必要。

1. 推动农村信息基础设施建设升级，降低农民网商上网和运营成本

成本过高，制约农民参与电子商务的积极性。和城市相比，农村电子商务基础设施仍然相对薄弱，电信、电视网络等基础设施相对落后，网络设施提供的带宽明显不足，网上时常"塞车"，成为制约农村农业信息化的"瓶颈"。农民上网资费过高。相对城市收入水平，农民收入普遍偏低，每月120元的网络接入费用显然和农民收入不相匹配，甚至是还高于城市上网资费水平。进行电子商务需要一定的硬件设备投入，购买一台低端配置的电脑也需要3000元左右，几乎占了全年农民人均纯收入的一半还多，这对于农民家庭来说是一笔不小的开支。

政府要充分发挥其在农村电子商务发展中的作用，继续推进农村地区基础设施建设，努力缩小城乡数字鸿沟。为此，要继续鼓励电信竞争，加快推进农村"三网融合"，努力做好农村网络基础设施规划建设，提高网络带宽和服务质量，降低网络资费，为开展电子商务创造更有利的基础条件。

继续支持"电脑下乡""信息支农"等活动，加强与电脑厂商合作，为农民提供适宜的产品，扩大农民购买电脑的补贴范围和补贴幅度，提高农村地区的电脑普及程度。

2. 着力解决农民在发展电子商务中的主要瓶颈问题

政府部门要加强部门间协调，共同制定相互协调的电子商务服务业的扶持和鼓励政策，采取多种措施，推进农村电子商务发展。尤其是针对农村电子商务发展中的瓶颈问题，政府部门要实行一把手工程，集中资源进行彻底解决。

在资金上，一方面增加扶持性资金投入，另一方面推进农村合作金融创新。农村信用社和邮政储蓄银行等，加快改进对龙头和成长型企业的信贷服务，切实解决企业资金紧张的问题。加快推进农村合作金融创新进程，尝试行业性农村担保机制，开启农村住房抵押贷款等新模式，解决农民网商担保难、贷款难、贷款贵问题；建立农户信用档案，以多种形式控制放贷风险。继续落实税收优惠政策，按照扶持新兴产业的原则，给予农民暂免征收所得税。

在土地使用上，改进用地管理，合理解决网商所需要的建设项目用地。在物流快递方面，引导物流快递服务下乡，鼓励发展社会化的物流信息服务和配载服务。

3. 增加培训和引导，加强人才培养

加强宣传和教育，培养农民利用电子商务的意识和能力。运用广播、报纸、电视等各种渠道，广泛宣传，尤其要用成功的案例，教育农民从传统的封闭、保守的信息意识中解放出来，使农民认识到信息在现代农业中的巨大作用，激发农民对农村发展电子商务的重大意义的认识。通过培训，提高农民的计算机和网络应用的水平，改善农民的信息素质，增强电子商务意识和能力。

从沙集模式的成功来看，发展自下而上的农村电子商务，要特别重视发挥当地农民网商带头人的榜样作用。重点鼓励有网络操作经验的电信职工、大学生和农民工回乡上网创业，开展电子商务，对更多农民网络创业和就业提供示范。通过典型的成功案例，激发更多农民学习应用电子商务的主观能动性。

加强农村电子商务培训。第一，要有计划分期分批对县、乡镇党政机关、村委会等基层干部、乡镇信息员进行相关培训。第二，对广大农民进行手把手的应用性培训，使他们能够顺利地在网上发布和查询信息、进行交易。第三，制定优惠政策，引导大专院校的电子商务专业人才进入农村地区进行"技术扶贫"，为农村电子商务建设提供人才支持和队伍保障。第四，鼓励大学生村官掌握电子商务技能，带领农民通过电子商务脱贫致富。第五，选择重点人群，如种养大户、农村经纪人、意见领袖作为重点培训对象，发挥他们信息接受能力强传播速度快的特点，起到示范效应，带动区域内农民共同致富。

在培训过程中，要注意调动各方面的积极性，特别要发挥专业的网络服务商、成功的农民网商在培训中的作用。

（五）优化政府的政策规制体系，构建健康的农村电子商务生态系统

建议政府重点在以下领域调整政策，完善法规，强化服务，为建

设健康的农村电子商务生态系统，营造良好的政策环境。

1. 创新农村电子商务生态系统自我演化的发展机制

其基础条件是确保所有参与主体能够自我选择、自我组织、自我调适和自我优化。政府应尊重并鼓励农民和其他成员在市场运作中充分发挥主体作用，避免越俎代庖；在市场监管和调控时，政府应进一步确立尊重市场、敬畏市场规律的观念，避免将自己的主观意志强加于市场、农户及其他成员。

应正确发挥政府维护市场竞争秩序，促进平等合作的行政执法作用，保障各成员平等参与商业生态系统合法经营的权利，要重点鼓励优势农民网商采取与其他主体合作共赢的经营模式，并通过各种有效措施保护弱势成员的合法权益。

政府应与农户和其他市场主体合作，建立健全由经济、法律、道德、舆论等多手段复合构成的强有力的奖罚机制。要以是否有利于或伤害其他主体的利益和整个商业生态系统的公共利益为判断标准，通过该机制的作用给予必要的激励或惩戒，用以调节所有市场参与主体的行为。

2. 营造健康的农村电子商务的政策环境

政府在促进农村电子商务中最重要的作用，就是提供良好的规制环境。政府应重点从法律规范、政策体系、诚信合作等不同角度，着力营造开放包容、鼓励创新、运行有序的农村电子商务生态环境。

要继续健全必要的法律规范，进一步鼓励农村电子商务市场各类主体的创新，保障他们的合法权益。加快研究制定有关调整网络行为、规范产业链竞争、信息安全与竞争情报、保护个人隐私、规范公用平台的服务、电子交易与电子支付等方面的法律规范和标准。

要继续完善鼓励农民网商发展的政策体系，主要是继续从财税、金融、人才等各项政策上对网商给予鼓励，对骨干网商发挥积极引领和辐射作用给予鼓励，对平台提供商和中介服务机构以质优价廉的服务帮助市场参与者结成合作关系给予鼓励，对市场业态的多样化和参与主体差异化发展给予鼓励。政府应提高决策过程的开放性，吸收农户和各类主体广泛参与政策制定。

要在农村电子商务领域，努力营造诚信合作的氛围。除了对农民网商持续开展诚信文化、职业道德教育外，还须加强必要的制度建设，特别是中介服务机构的资质管理与信息服务制度，市场主体的信用记录、评估与信息共享制度，电子认证体系，网络交易信息可追溯体系等。

3. 帮助农村法人网商提升素质

除了对农民和农村个人网商加强培训外，政府还应高度重视提升农村法人网商的素质。农村法人网商多脱胎于农户，政府应帮助他们以现代企业制度建设提升自身素质。要把国家关于支持"三农"和鼓励中小企业发展的各项政策延展到农村电子商务发展中来，尤其是要加强对农村法人网商的分类指导和典型引导，完善面向农村法人网商的社会服务体系，帮助他们克服市场、信息、技术、人才、资金、生产、经营、管理等方面实际困难。

政府应配合建设创新型国家和建设社会主义新农村的战略部署，在发挥农村法人网商自身积极性和主动性的同时，继续加大投入力度和加强服务，提高农村法人网商的素质。要利用各种渠道和手段，特别是发挥网商联盟或协会的作用，鼓励和支持农村法人网商间的横向交流和网状互动，强化参与主体的自组织、自调适能力和填平补缺、优势互补能力。

政府应帮助农村多元法人网商树立"一损俱损、一荣俱荣"的社区共同体意识，宣传"为系统创造价值，与其他主体分享价值"的新商业文明理念，并用以指导和规范市场行为。还要加强相关法律法规、利益共同体和新商业道德伦理的宣传，提高各类主体和公众对商业生态系统的认知，增强他们依法维权的他律意识和守法经营合作共进的自律意识。

（六）在发展农村电子商务中，充分发挥第三方中介平台的作用

淘宝网等第三方电子商务平台由于具有更开放、专业化、功能更强、整合买卖双方、信息更丰富等优势，成为深受农民欢迎的自下而上农村电子商务的公共平台。各地政府应该充分肯定和进一步发挥这些电子商务平台的作用，引导和鼓励他们进一步拓展农村电子商务市场，更好地服务"三农"。

要鼓励第三方电子商务平台增加更有针对性的服务内容和引导提示，降低服务门槛。在运营政策上给予农民更多的优惠，在服务上给予更多的支持，在价格上给予最大的倾斜，在培训上，提供多种形式的选择。同时，还要在农民企业的内部管理、物流仓储、产品创新等方面提供更多的指导和服务。通过第三方中介平台，引导农民积极进入电子商务市场，提高主动性，让他们能够真正体验到电子商务带来的好处。

建议政府加大对农村电子商务第三方平台的支持力度，鼓励他们应用 Web2.0、云计算、泛在网、物联网等新的技术手段，对已有的技术网络、知识网络和业务网络进行升级；鼓励通过技术先进、功能强大的数字化网络平台和 P2P 技术，使农民网商可以更方便高效地建立电子化的业务关联与合作，促进信息与知识的交流和创新成果的扩散。

政府应鼓励农村电子商务第三方平台服务提供商不断创新质优价廉的服务产品，鼓励开发面向农村电子商务需求的定制服务，帮助农民网商降低业务成本；鼓励网络平台进一步透明化，在平台上建设共享信息、知识和业务的社区，为业务链条和价值网络的拓展提供必要的前提。

（七）加强"沙集模式"研究，在全国范围内推广经验

调研表明，"沙集模式"的经验值得深入总结和发扬光大。建议各方面首先是学术界进一步深化对"沙集模式"的研究。研究其产生和发展的机理和内在驱动因素，分析其成功的原因和可推广的经验，总结其对解决"三农"问题以及对社会综合发展的影响意义和典型示范作用。

要通过总结"沙集模式"典型案例，在全国范围内的广大农村地区，推广"沙集模式"的成功经验，树立电子商务应用标杆。通过"沙集模式"的推广，促进农村电子商务的应用，从而达到利用高科技手段解决制约农村社会发展的"三农"问题；通过发展具有地方特色的网店经济，促进各地产业结构的调整和升级；通过"沙集模式"信息化带动工业化的机理，调整我国信息化推进的总体思路。通过"沙集模式"中农民自主创业和就业的经验，启示城市失业人口寻找适合自己的脱贫致富之路。

第七章　农民网商实例[*]

一　找到人生的合适舞台

网商姓名：刘兴利

网店名称：睢宁县三实家具厂

图 7 - 1　刘兴利（中）在介绍网店经验

---

* 部分案例摘自沙集农民网商创业专题报告会网商资料。

图 7-2 刘兴利注册的营业执照

刘兴利是淮海工学院的一名大学本科毕业生，1995 年毕业后，进入徐州一家国有大型企业工作。尽管工作比较轻松，收入也不错，可他心中却一直有一个自己创业的梦想。随着企业经济效益的下滑，看到家乡沙集镇东风村的网络销售家具产业如火如荼地发展，市场前景广阔，便毅然辞掉了工作。2008 年，他返乡从简单地开淘宝小店铺做起，拍照片、找货源，研究客户需求，一干就是 3 年。2009 年 9 月，刘兴利积累了足够的创业资金和经验后，创办了自己的家具生产厂，大学时学习的计算机知识和他在大型企业工作的实际经验让他在工厂产品研发、生产及管理上得心应手。如今，工厂业务蒸蒸日上，2010 年的销售额在百万元以上，他也成了当地小有名气的淘宝卖家。

1. 土生土长的农村娃，靠求学改变自己的命运

他是东风村土生土长的农民的孩子，"面朝黄土背朝天"的父辈辛勤劳作在他心里留下了很深的印象，"能改变自己命运的只有求学"，"上学是农村孩子的唯一出路"，"宁要城市一张床，不要乡村一间房"

的观念由父辈传给了他，急于改变自己命运的动力让他刻苦学习，终于在父母亲友的希冀中考取了大学，而且是东风村自新中国成立以来第一个正式考取的大学生。上学那天，家人摆宴庆贺、村民夹道欢送。大学毕业以后，恰逢大学毕业生国家不再统配，双向选择、自主择业的第一年，他在人才市场中选择了徐州一家大型的国有企业集团工作。从车间的技术员做起，一步一步地升为企业集团的生产主管，直至成家立业，小有所成，他通过知识改变命运的行为得到了亲人朋友的认可，家人更以他变成了城市人而感到自豪。

2. 纠结中毅然返乡创业，坚信合适的舞台最重要

2008 年，受世界金融危机影响，企业效益出现急剧下滑，虽然在大城市工作，但生活压力突然变得很大。现实和理想的差距变大，慢慢磨灭了刘兴利最初的激情。随着国家建设新农村的政策出台，加上听说家乡淘宝网销产业搞得如火如荼，在城市中生活了十几年的他经历了长时间的徘徊、犹豫后，决定放弃对大城市的苦苦坚守，回乡创业。

刚回乡创业的时候，他的压力非常大。首先是克服观念的束缚。对于刘兴利这样一个农村大学生来说，他是家庭、家族乃至全村人的骄傲。在家人、乡邻们的传统观念里，大学毕业后就该留在大城市，找一份像样的工作、过一种体面的生活。如果大学毕业后选择了回乡创业，在乡亲们眼里就会觉得没出息，家人也会因此而抬不起头。其次是缺乏资金支持平台。在他这个农村家庭，供他上大学不是一件轻松的事，家长勒紧裤腰带将他送进大学校园，并为此负债累累，根本不可能在资金上支持他的创业。创业就必须要资金，少量资金的微创也不是他想要的。应该说大学生创业做成容易，但是做成功会很难，他当时的心理压力特别大，如果不成功，他如何向家人邻里交代？

非常庆幸，家乡沙集镇东风村，是远近闻名的电子商务村，回乡创业搞电子商务，这个工作不掉价，不但家人心里可以接受，而且不需要多少资金，原本返乡创业的心里压力都不存在了。回到了充满亲情的家乡，和朴实的乡亲在一起，远离城市的喧嚣和竞争，他的心情特好。

3. 专注做淘宝，靠信誉赢得市场，快乐并享受生活

2008 年 3 月 28 日，在一些先行者的帮助和指导下，他的淘宝小店注册成功，本着诚实、务实、求实的精神创业，店铺起名"三实家居"，通过淘宝大学的再次学习，从起初的 0 信誉，一步一个脚印，到今天的皇冠信誉；从起初的一天几元、十几元的销售额到去年近百万元的销售额；从起初的淘宝夫妻店到现在的近 20 名工人的工厂。刘兴利最大的感触：回乡创业是做对了，工作压力减小了，收入比打工强多了，一家人现在心情愉悦并在享受生活的快乐。

4. 努力做大做强，为"沙集模式"添力，继续带动乡亲共同致富

沙集镇电子商务事业的创业成功，得到大家的认可和称赞，并被国家相关部门称为"沙集模式"，将要在全国范围内推广这个成功经验。刘兴利作为一个返乡创业的网商，感触很深：一是政府部门的政策支持和全力帮助。草根经济在他们这里得到快速发展，有了这块肥沃的土地，更因为有了让土地更加肥沃的政府及政策的支持，网销在这里的出现是偶然的，但发展如此迅猛就是必然的了。如果他回来创业，没有这样好的发展环境，就不可能有今天的成功。二是他们网商要紧紧抓住这个发展的契机，加强产品质量管理，加大新品开发力度，提升产品档次和品位，加强行业自律，抱团发展，取长补短，努力做大做强，争取早日出现规模型企业，为"沙集模式"添力，也能让更多的乡亲加入这个行业中来，共同享受这个"绿色环保的新型经济"带来的快乐！

二　农村电子商务引领青年创业

网商姓名：刘明

网店名称：徐州昌鑫木业有限公司

刘明也是沙集镇东风村人，毕业于苏州科技大学。2008 年，他建成了沙集镇第一家板式家具厂，现在成立了徐州昌鑫木业有限公司，拥有板式家具和实木家具两家大规模加工厂，固定资产 200 万元左右。

刘明的成功并不是水到渠成的，回想起来，思想上经历的三次变化促成了他从做单一的网店到生产与网销并举，从生产简单易仿家具到生产实木家具的转型。

2006 年大学毕业后，他的第一份工作是在外地从事团队培训和企业文化发展，就是这份工作让他开阔了视野，能更快地接受各式各样的新生事物。所以，当他知道老家很多与他岁数差不多的年轻人开起了网店，不但没有感到陌生，反而产生了浓厚的兴趣，于是他在工作之余开了一家网店。

那个时候网店还属于新生事物，开设容易、经营简单、缺乏竞争，这样的环境让不少先行者赚到钱，他也尝到了甜头。一段时间的经营后，他却发现这种赚钱的方式非常单调，每天都坐在电脑前，不停地重复接单、下单的动作，新鲜感很快就消失了，成就感也日益被枯燥乏味的工作消磨掉。他想，这样不行，这不是他想做的工作。于是他和他大哥刘晓林商量，他们能不能生产网销的上游产品，自己做老板，而不是打工者。

就这样刘明的思想开始了第二次转变，在网销上打了一个转，拐到了生产上来。那时他常常去思考，他要做什么样的东西，要怎样生产出其他作坊生产不出来又能在淘宝店铺上畅销的产品。由于之前他在网上销售的是简易家具，所以首先想到的就是自己开个家具厂，给那些做淘宝店铺的本地人供货，让大家都来他们厂进货，从而达到多赢、共赢。

不可否认，刘明在创业路上迈出的这步十分艰难，没有资讯、没有钱、没有人手，有的只是他初生牛犊不怕虎的冲劲和一往无前的干劲。没有资讯，他就去摸索研究全国几家规模较大、档次较高的家具生产厂家及其生产的产品，去分析他们成功的因素，其中，对台湾沙克借鉴最多。没有钱和场地，他只能暂时搁置他做实木家具的计划，转而将视线转向板式小家具，因为它具有投资小，工序少，易包装发货等优点。没有人手，他就和大哥既做管理者又做员工，起早贪黑地干，终于把他们的板式家具厂开起来了，这也是沙集开设的第一家板式家具厂。现在看来，他们兄弟当时走的这步是对的，板式家具的销量很大，销售情况非常好。据统计，目前板式家具已是他们"沙集模式"的主流产品，淘宝网上每卖出 10 件板式家具，其中有 8～9 件是他们做出来的，是从沙集装箱发往全国各地去的。

只有不停向前走，才不会落在后面。虽然板材厂的巨大成功让他惊喜，但是刘明仍然保持清醒的头脑，他知道他要面对的是瞬息万变的电子商务，有可能今天的一个成功就被明天的另一个成功冲击下去。如果他还是停留在以前打工的思想上，轻易满足于短暂的成功，那么他就会在自我满足中慢慢地退回到打工者的身份。

所以第三次的思想转变也是被逼出来的。当时沙集涌入了大量的淘金者，板材家具的成本低、复制简单导致行业竞争日益激烈，市场让他必须尽快做出一个选择：因循守旧还是转型创新。2010 年 5 月，刘明兄弟俩终于下定决心，将最初开实木家具厂的想法变为现实。之前的经营让他在资金方面有了着落，同时镇政府也给他带来了好消息，可以低额把工业园区的厂房租给他。

短短 4 年时间，他把最初的淘宝小店变成了今天的徐州昌鑫木业有限公司，兼做板式家具和实木家具。但这仍然不是终点，公司的管理和产品的不断提档升级正在考验着刘明，他需要在创业的道路上继续前行。

现在的沙集镇东风村，充满了生气勃勃的商机，同样也带来了挑战。很多大学生村官在这片土地上找到了实现人生价值的道路，外出打工的农民兄弟们也有很多回乡打拼。对于创业他并不能给大家提供什么赚钱的技巧，只能用自己的经历来告诉大家，时刻保持头脑的冷静，做你想做的，做你人生的主人而不是打工者。

刘明感慨地说："时代成就了我们，家乡沙集镇成就了我们。"刘明有幸抓住这个机遇，镇政府也在积极地为他们创造条件，促进电子商务健康迅速发展。

现在刘明最大的希望是用他们的努力来营造一个电子商务的良好环境，让更多的村民参与进来，通过网销这个平台开创事业，一齐奔向致富路，让"沙集模式"更持久地发展下去。

三　依托电子商务　促进农民发家致富

网商姓名：孙寒

网店名称：睢宁县沙集镇美怡家家居

孙寒是沙集镇家居网销的创始人之一。在没有踏入这个行业之前，他是在睢宁县移动公司做客户经理，那时候每个月的工资在两三千元左右。他也想通过在移动公司的工作实现自己的人生价值，他工作一直勤勤恳恳，

图 7 - 3　孙寒的工厂

图 7 - 4　孙寒和专家在网销协会门口合影

可是最后还是得不到自己想要的，他要的是有自己的事业，自己做自己的老板。出于对电脑网络的熟悉和热爱，2006 年，他在移动公司辞职后在淘宝网上注册了自己的网店，开始经营一些小的挂件和家具饰品，每个月净利润大约在 2000 元左右，由于要从别处进货，只能赚些倒手差价，加之淘宝网上从事小家具饰品的网店有 1 万多家，竞争比较激烈，利润空间有限，难以成为自己生存的主要手段。为此，他就经常思考如何提升自己网店的竞争力，怎样才能销售自己的产品，走一条属于自己的网销致富之路。

1. 契机

2007 年，为了拓展他的网店经营，他只身前往上海，有一天无意中发现了宜家家居连锁超市，当他踏入宜家连锁店的瞬间，就被那些时尚、简洁、美观的各种家具深深地吸引住了。这些商品特别符合他们"80"后年轻人的审美观。如果开一家类似宜家的网上专卖店，一定会吸引很多年轻人的注意。同时，经过他自己在淘宝网络上的调查，也发现这种木制家具在网上具有很大的市场，利润空间也十分可观。于是他当机立断地赶回家中，开始了对木制家具生产的探索。

2. 创业

考虑到从外地拿货转卖的老路不能再走，必须要建立自己的产销网络。他绘制了一款最简单的实木置物架家具图纸，开始联系当地一些木匠来尝试加工这个产品。但是，由于他们沙集本地的木匠只是做一些楠木门窗或棺材之类的传统家具，他跑了 20 多家木工店，没有一个师傅认为能够做出这种外形奇特的家具来，就在他灰心丧气以为没有希望的时候，又找到了一个家具厂，那里的一位老木匠愿意尝试做做看。三天后，当那款仿宜家风格的实木置物架出现在他面前时，那种兴奋和激动的心情至今他还记得。将这款产品传到自己淘宝网店后的当月，他的销售额就超过了 2 万元，净利润 5000 多元，这个收入已超出了他原来的想象。之后他又收集一些家具造型的资料，设计出更多的简易拼装家具，随着产品种类的日益增多，自己在淘宝网上的销售额不断增加，每天的发货量也越来越大。但是，由于当时的沙集镇还没有一家快递公司，除了把货包装好送到宿迁的快递公司，只能通过沙集邮局发平邮，速度慢不说，还不能进行网上信息跟踪，非常不方便。后来沙集镇邮局推荐的睢宁县邮政速递公司——EMS 快递公司领导对他们十分重视，作为大客户给予了最低的发货价格，并且每天直接派车到他家里去取货，大大提高了送货的速度和安全性。在与 EMS 公司签订保证每月发货邮费不低于 4000 元合作协议的当月，他的发货量就突破了 8000 元。2007 年年底，他投资 10 万元建立了自己的家具生产厂，随着属于自己的产销网络的建立，他的网销创业之路越走越好。

3. 燎原

在实现自主创业之后，他又带动原来做废旧品回收的几个朋友，加入到淘宝网销的队伍中来。在短短不到两年的时间里，他们又带动了其他的有志青年一起来经营这个事业，他们每天一起包装、发货，带着对未来的美好憧憬，这个行业越做越红火，很多经营户的月收入都超过了万元。随着销售量的不断增加，他自己的简易家具厂已不能满足需要，为此，他和朋友到上海、浙江购进了多片锯、全自动砂光机等先进的生产设备，使生产量翻了几倍，而且节省了人工，大大降低了加工成本。2010 年年初，他又投资 150 多万元建设了新的厂房，不但可以生产简易家具，还可以生产板式家具、松木家具、实木家具和油漆的家居饰品等。截止到 2011 年年初，由于沙集镇家具网销从业人员的辐射，周边地区从事加工销售的用户超过了 500 多名。据淘宝网统计，睢宁在淘宝网经营此类家具的总营业额超过了 5000 万元。

沙集镇党委、政府也在他们发展的过程中给予了大力的支持，安排了优惠的贷款政策，划拨土地来建设场地，并在工业用电办理上提供了便捷。同时还抓住农民网商发展的契机，鼓励和引导农民网络创业，使电子商务及物流快递、板材加工、家具配件等相关配套产业在沙集农村不断发展壮大，一股农民网商创业致富的洪流方兴未艾，如火如荼。

4. 理想

随着产业的不断壮大，也出现了一些影响网商经营和信誉的行为，产品质量不达标，网上恶意压价，收款不发货等成为制约这个行业进一步做大做强的障碍。为此，在 2010 年年初，他们又发起成立了沙集镇家具电子商务协会，他任会长，通过加入协会可以获得的利益和好处来吸引所有从事这个行业的会员加入，制定同行共同遵守的制度，规范农民网商的经营行为。现如今睢宁县沙集镇电子商务协会共吸纳会员近 200 人，他们经常组织大大小小的会议，对会员的销售知识进行培训，对工厂的安全生产进行监督。他希望沙集家具网销这个行业犹如恒星，一直亮下去，他坚信不久的一天，沙集会成为中国的家具销售和生产基地，就像广东佛山和苏州蠡口家具城一样，他们在座的都会成为这个行业的一分子，并为此而感到骄傲和自豪。一滴水的力量是有限的，当他们大家团结起来，汇成大江、大海的时候，那就是他们沙集家居网销行业辉煌的明天。

四 外地人在睢宁一样成就人生精彩

网商姓名：文道兵

文道兵今年 32 岁，重庆人，毕业于重庆商学院，是徐州佳宜家具有限公司创始人。公司拥有固定资产 30 万元，设备总投资 40 万元（包括热压机投资，叉车和货车），日供应板材 800 张，年生产三聚氢氨贴面板 20 万张，产值 1200 万元，是沙集镇东风村网上销售板式家具原材料的最大批发基地。

文道兵是一名来自重庆农村的山娃子，与所有人一样，梦想走出大山，实现由农村人变成城市人的理想，来改变自己的身份和命运，追求幸福美满的生活。这一简单希望，对当时的他来说是一件多么不

图7-5 文道兵向专家介绍网店情况

图7-6 文道兵仓库里的板材

容易的事情，因为那时家里条件比较艰苦，仅靠父母用手工编织竹子凉席和一年地里收入2000斤的水稻来维持他的求学生涯。15年寒窗，就这样在父母辛勤的劳作中走过来，给父母留下的不是富裕的生活，只是一身的外债和病痛。

2002 年大学毕业后，文道兵带着自己的梦想和父母的殷切希望与寄托，只身一人来到浙江台州开启他艰难的打工之旅。他先是在一家铝塑板生产厂从事仓库管理工作，他在工作中不断学习企业管理相关知识，不断丰富自己的阅历，经过 3 年时间的磨炼，他被公司提升为仓库主管。后来，公司为扩大生产规模，在沙集镇投资兴建了江苏海德曼有限公司，他从浙江调到海德曼公司从事管理工作，从此他的人生与事业便与沙集镇结缘。2008 年，他在沙集镇东风村安了家，成了睢宁人的女婿，也开启了他的创业之路。

2008 年年初，东风村出现了网上销售的萌芽，那时的销售以家庭作坊式生产为主，一间屋，一台锯，一个人，却创造着让人难以想象的利润空间。物流公司络绎不绝的运输车辆，走家串户，上门取件，完成着农民创造利润的使命。一台电脑、一根网线成为销售的工具，电子商务（淘宝网）成为销售平台，寻找家居产品最终消费的客户，由物流公司将包装好的成品顺利送到客户手中，一环扣一环，环环相扣的这种销售模式，在沙集镇东风村青年农民身上完美展现。更多的人从这种小投资、低风险、高利润、操作简单的销售模式中获得了巨大的商机。复制、复制、再复制的过程在沙集镇青年创业大军中升华，一系列的相关配套产业和物流应运而生，从事网上销售的人员日益剧增，整个产业呈现了一派红火之势。

看到东风村红红火火的创业氛围，文道兵反复在心里问自己："我能做什么呢？"他想要是能建立一家网店、创办一家属于自己的企业该多好！心动不如行动，于是他开始建立自己的网店。2008 年年底到2009 年，他从淘宝网攫取了人生中最重要的第一桶金，这更加坚定了他扩大市场份额，立足淘宝板式家具产品长足发展的信心。他紧抓市场机遇，投资 100 多万元，建立板材加工配送基地，在解决网商原材料采购的后顾之忧的同时，也壮大了自己的事业。

对于文道兵来讲,放弃了在海德曼公司做高层管理的工作,加入到淘宝网销售队伍中,建立自己的网店,冒了很大风险。因为隔行如隔山,不是说有了自己的网店,就能将自己的产品卖出去,就能赚取利润。他的公司刚起步时,仅有一点启动资金,连续几个月都没有一个订单,但是想要改变现状的决心一直在激励着他,他坚信只要勇于奋进,就一定能走出困境,与其盲目悲观不如在危机中寻求机遇度过这个艰难的时期。经过认真分析,他把产品销售突破的重点放在提高质量和创新产品样式上,于是他积极提高产品质量,改进产品外观,加强同客户的联系,几个月下来人瘦了12斤,最终他接到了创业的第一批订单。

经营的过程,有苦也有甜,经历了与电脑日日夜夜相伴的艰辛,但是他也充分体会到网销带来的无穷魅力。自己的店铺从零信誉到一个钻、再到皇冠,回过头来一看,这就是一种成就感,淘宝网让他实现了人生价值,让他对生活充满了信心。

现在的沙集镇东风村,充满了机遇、财富和激情。村民的生活发生了翻天覆地的变化,家人团聚,收入提高,轿车入户。从很多人因外出打工被迫与家人分离的无奈,到现在忙忙碌碌、充充实实,创造属于他们自己的美好新生活!

2010年年底,"沙集模式"论坛召开,"沙集模式"的影响越来越大。网商们从原材料创新(环保实木板材及相关环保替代品)、新产品研发(从产品设计与构造创新)、多渠道销售(利用淘宝网以外的平台及直销点)进行横向发展,创立有沙集特色的、环保的、组装灵活的、不可复制的品牌产品,适应竞争激烈的销售环境,让沙集板式家具引领国内网上家居产品销售潮流,让"沙集模式"引领他们继续高飞。

文道兵用自己创业的经历来告诉大家:无论出身怎样,学历高低,只要你有信心,你都可以去做你想做的事,也一定会成功!这也是他经常跟自己厂里的青年谈到的，在日常工作中他鼓励他们利用为公司工作的机会大胆尝试，因为这是成本最低测试自己能力的方式，成功了他们可以学到宝贵的经验，而失败了由他为他们埋单。对于想自己创业的青年，他把自己的经验告诉他们，和他们一起探讨市场行情。从他创业至今，到他公司学习的创业青年走了一批又一批，他们现在从事和他一样的行业，他很欣慰也很为他们自豪。

如今，文道兵购买了小汽车，不仅方便外出办事，还可以带着家人外出游玩。文道兵感慨地说："我们非常有幸生活在这样好的时代，每个人都有机会实现自己的理想。"文道兵说，他的理解是突破旧观念，改变自己，做到诚信、自立、自强，在自己的岗位上做好工作。

五 干部带头引领群众致富

网商姓名：王万军

网店名称：舒昕易生活专卖店

图7-7 王万军正在向专家介绍加工流程

图 7 - 8　王万军的女儿和客服在网上谈生意

图 7 - 9　王万军的爱人在包装

　　王万军 45 岁，中共党员，现任沙集镇东风村会计。东风村很多村民从 20 世纪 90 年代起一直做废旧塑料回收生意，虽然赚钱了，但村里的生活环境变得很差，垃圾随处可见，水体也受到很大的污染，村民的日常生活都受到影响。于是，东风村的党员、干部都在琢磨怎样使老百姓既有钱赚，又能拥有美好的生活环境。2008 年，孙寒、王朴他们一帮年轻人开始在网上卖东西，一台电脑、一根网线，足不出户就能做生意，一年下来竟赚了几十万。在他们身上，他看到了东风村产业转型的希望。

1. 做淘宝，创业致富

作为一名党员和村干部他有责任义务带领村里的老百姓过上好日子，现实已经在他们面前展开了一条新路子，如果村民都像孙寒他们那样创业致富，作为东风村的干部那该是多么自豪。

有了这个想法，王万军开始琢磨如何将这种很好的产业在他们村发展壮大。作为一个 45 岁的农民，他第一次接触到网络销售这种新鲜玩意儿，觉得自己什么也不懂。他只能跨过年龄身份的坎儿，到新华书店购买电脑操作及网上淘宝方面的书籍学习，有空的时候到别人家学习怎样和客户进行交谈、学习实际操作。

2008 年 5 月，他掏腰包给自己配备了一台电脑，申请注册了一个店铺开始在网上做生意。开始打字很慢，用一个手指头点，别人都笑话他"一指禅"。还记得第一次和别人聊天的时候，对方受不了他磨蹭，就说"去睡一会儿再来和你聊吧"。这件事给他打击很大，他认识到以他的年纪来学习新事物到底比不上年轻人，就决定让儿子回家来帮他。6 月，他劝说远在深圳电子厂上班的儿子回家，要他跟孙寒、夏河山他们学习网上销售的知识。儿子在孙寒等网商的帮助下，很快学到了网上淘宝的要领。

就这样，王万军和儿子开始经营着他们的小店。开始一个月没有生意，店铺的东西也鲜有人问津。但是，他始终坚守在电脑的旁边，耐心地同每一个前来咨询的客户交谈。功夫不负有心人，渐渐地有越来越多的客人光顾他的小店，从几天能接一单到一天能接到多单，小店的生意逐渐好起来。这时，问题又来了，所有订下的货都要到生产厂家去拿，可是当时的生产厂没几家，现货不好拿，有时候要等很长时间，这样很影响淘宝店的信誉，他心里特别着急。为了使自己的小店能及时供货，提高信誉，他就和家里人商量能否买机器自己生产。可是家里盖房子的钱都还没有还上，哪来的资金办工厂，向来支持他的家人也坚决反对，认为做不好亏了拿什么还人家的钱。

王万军当时的想法就是，他是党员干部，他必须起带头作用，走网销加工路子更有利于他们村的创业发展。他认为只有自己干出点成绩来，才能让村里人信服，才能让更多的村民走上这条致富兴村路。于是他反复做家人的工作，最终在银行贷款 8 万元，向朋友借了几万元，凑足了生产的启动资金。其后，他在朋友的介绍下到临沂买了一批生产加工机器，雇用村里几名有技术的木匠开始生产小家具。产品有了固定的来源，小店的生意蒸蒸日上。

2010 年他不仅将所有的外债还完，又扩建了 500 平方米的厂房，还添置了新机器，年结余 20 多万元，一家人生活得很充实、很幸福。

2. 推产业，带领致富

网店运营的成功，使王万军坚信这行业确实能使老百姓富起来，而且对比传统的废塑料回收优势显而易见。于是他一个一个地给村民做工作，用自己的实例来打消他们的顾虑。

东风村的王以康原先是搞废旧塑料加工的，因为生产过程中排放的污水严重污染环境，多次引起群众的不满和反映，村干部也为此事很头疼，所以王万军就去王以康家给他做思想工作。

看好机会，王万军问王以康："以康，难道你不生产废旧塑料加工，就没有别的生意可做了吗？"

王以康回答他："隔行如隔山，你做的网上销售我又不懂，即使想改行，原先的机器和投资怎么办？"

王万军开导说："网络销售不是谁天生就会的，你不会我可以教你，再说你原来的机器能值多少钱？现在人们的环境意识加强了，你的废旧塑料厂早晚要被取缔的，你要是做网络销售，自己建标准化厂房，半年收回成本不成问题。再说板材加工污染小、政府支持、市场潜力很大。"

就这样，经过几次的交谈，王以康终于被说服了。几天后，王万军带着王以康到山东临沂把机器买回来，接着帮他联系购买板材等原材料。工厂开工后，王万军又介绍附近的网商到他家去批发家具产品。如今王以康的生意非常红火，每天的销售额都在 3000～5000 元之间。王以康乐得合不拢嘴，逢人便说：当初多亏听了王会计的话，不然哪有今天的收获。

另一个例子就是他的邻居王从章，王万军和他同学多年。这之前，王从章在安徽滁州回收废旧塑料，虽然收入可观，但是背井离乡，不方便照顾家庭。2010 年，他所租的场地要拆迁了，人生地不熟的他找了好几天也没有找到好的经营场所，愁眉不展。无奈之中，王从章给王万军打电话，说想回家发展事业。王万军给他介绍了自己开网店及家具制作情况，王从章抱着试一试的心理到他家来看。经过王万军的一番劝说和实地考察，王从章到安徽把妻子、儿女接回家共同做网销。在开店初期，王万军多次跑到王从章家一遍又一遍地教他如何使用电脑、怎样去网上卖东西。目前，王从章的网店信誉已经达到 4 钻，并且最近生意忙不过来，又添置了一台电脑。

王万军表示说："我是群众中成长起来的党员干部，要想得到大家的信任和支持，必须多干实事。"他在自己创业的同时共带动指导 11 户群众开了网店、4 户办了家具制造厂。现在东风村已拥有一百多家家具制造企业，一千多家网店。作为一名东风村的党员干部，王万军非常自豪，他说："我感到肩上的担子更重了，我将充分地发挥党员干部的先锋模范作用，积极带领引导全村的群众创业致富。"

尾　声

1. "沙集模式"高层研讨会召开，"沙集模式"受到关注

2010 年 12 月 18～19 日，由中国社科院信息化研究中心、阿里研究中心、睢宁县委、县政府等联合主办的"农村电子商务暨'沙集模式'高层研讨会"在睢宁召开，来自中国社科院、商务部、农业部的学者专家、部门负责人及网商代表共同研讨沙集模式的推广意义和示范效应。

张晓山（中国社科院学部委员、农村发展研究所所长）高度评价沙集模式，认为具有"革命性的意义"。他强调说，沙集模式改变了原先农民对市场信息一无所知，对市场的产品定价毫无任何权利，在整个市场中被公司左右支配，这样一种弱势的地位，而相对比较能掌握自己的产业方向和生产产品的数量和价格，最终能获得更多的就业机会，获得更多的收入。

农业部信息中心副主任吴秀媛参观了农民网商的工厂和网店后表示，她希望能够通过"沙集模式"，引导全国的广大农民，成为网农，成为网商，通过电子商务来增产增收。

商务部信息化司副司长聂海林认为，"三农"问题关键在于农民；同样，要搞好农村信息化，信息化在农村要取得成效，关键也在于农

图 1　"沙集模式"高层研讨会现场 1

图 2　"沙集模式"高层研讨会现场 2

民。搞好农村信息化关键要解决 6 个字：能用、会用、想用。而沙集草根农民走在了前面。

2. 睢宁县沙集镇电子商务协会成立

2010 年 12 月 16 日，由网商自己自发组织的沙集镇网销协会成立了。

协会成立的初衷是解决发展中的恶性竞争问题，规范产品质量，弘扬沙集镇家具品牌，推动沙集家具网销业迈上新台阶。后来网商们发现，成立电子商务协会，益处非常多，如对内可以进行资源整合和人力培训，以及规范网销行为和提升品牌，对外可以形成合力，打造统一的沙集品牌，在与产业链上的物流、电信、原材料供应商等谈判时，获得低价。

图 3 沙集网销协会的负责人

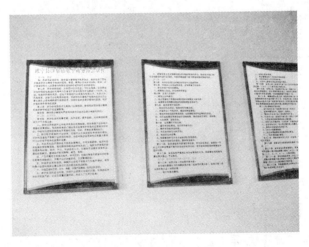

图 4 沙集网销协会的章程

协会成立仅半个月，已经筹划了几件大事：

- 协会和网销业发展规划

- 试用新包装材料。试用更高品质的包装材料，节约成本，提高包装质量。

- 规范产品质量。商讨通过规范原材料的使用标准和规格，规范产品质量，提高产品信誉和形象。

- 组织网商培训。邀请淘宝大学城的专家来讲课。

3. 荣获大奖

图5　沙集镇获得最佳网商沃土奖

2010 年 10 月，第七届全球网商大会上，沙集镇荣获唯一的"最佳网商沃土奖"。

2010 年 12 月 28 日，沙集网商获得了第十三届中国国际电子商务大会的"农民创业奖"。

2011 年年初，沙集镇以"农村电子共融与参与的'沙集模式'"项目，参加了"2011 世界信息峰会大奖"评选。在中国区选拔赛中，沙集镇独占鳌头，成为"电子共融与参与"组别的唯一胜出者，即将参加世界范围内的评选。

4. 温家宝总理亲自为沙集模式作批示

2011 年春节刚过，温家宝总理获悉了"沙集模式"。他不仅对"沙集模式"非常感兴趣，而且高度重视，亲自向有关部门和地方领导批示，要求"要注意总结沙集的经验"。

5. "沙集模式"受到广泛关注

12 月初，睢宁县委书记王天琦来东风村调研网店运行情况；

12 月 13 日，中央电视台 CCTV – 1《看见》栏目组来东风村采访；

12 月 18 日，中国社科院农村发展研究所所长张晓山、中国信息经济学会理事长杨培芳等一批著名学者，来自国务院发展中心、国家信息中心、中国电子商务协会、中国社科院等研究机构的专家，来自国家发改委、商务部、农业部、工信部、国家工商总局等部门的官员和中央媒体、地方媒体的大批记者来东风村调研考察，并在睢宁参加由中国社科院信息化研究中心、阿里研究中心、中共睢宁县委县人民政府联合召开"农村电子商务暨'沙集模式'高层研讨会"。

2011 年 2 月 22 日，由中国社科院信息化研究中心和阿里研究中心联合主办的"农村电子商务'沙集模式'调研报告发布暨研讨会"在京举行。来自商务部、农业部、工信部、国家信息中心、国务院发展研究中心、中国社会科学院、北京大学、中央财经大学、中国信息经济学会、中国互联网协会等机构的官员和专家学者到会，会议发布了《"沙集模式"调研报告》。

2 月 18 日，中共江苏省委常委、副省长黄莉新、省政府副秘书长胥爱贵在睢宁县调研沙集网商发展情况。胥爱贵主持召开沙集网商发展工作座谈会，总结沙集网商发展的经验和做法，推动"沙集模式"在全省推广。胥爱贵说，通过对沙集网商发展的调研，要实现两个目标：一方面，要把沙集镇东风村这个通过网络致富的典型培养好、发展好、推广好，推动沙集网商做大做强、影响更大；另一方面，要把沙集的经验总结好，把沙集网商、网店发展好，推动农民致富，不仅使沙集经验在睢宁生根开花，还要使"沙集模式"在全省推广。

3 月 10 日，淘宝大学校长刘博、副校长徐斌来睢宁县举办电子商务知识专题培训。据悉，此次培训会既是网销培训会，也是"沙集模式"推广会。刘博针对沙集镇 200 多名网商、部分企业家和营销人员作了题为《品牌、网商、营销》的培训。

5月5日上午，省工商局党组成员、副局长杨卫东带领省市工商局党组成员来睢宁，调研企业管理、个私经济发展情况。杨卫东在实地考察工商局高作分局、沙集镇东风村等地后认为，睢宁工商局工作细致，高作分局管理规范，沙集网销加工、生产、物流等形成了产业链，网销业态符合当地实际，形成了气候。

5月5日下午，全市农村电子商务发展现场会在睢宁召开。徐州副市长漆冠山出席会议并强调，要把依托网络致富的沙集镇东风村这个典型培养好、发展好，把沙集经验总结好、在全市推广好。王天琦在讲话中指出，以沙集网商为代表的农村电子商务发展新模式，是一种以市场为导向、以网络交易为基础、以家庭经营为特色的"农民＋网络＋公司"的农村创业致富新路径，是现代电子商务的一种新型业态。

5月19日，全省推进农村信息化现场会在睢宁县召开。省委常委、副省长黄莉新到东风村实地考察了农民网销业的发展状况，他充分肯定了"沙集模式"，并提出要通过信息化促进农村产业转型升级，鼓励农民通过网络就业创业，推进农民增收致富。

6. "沙集模式"受到国家主流媒体和地方媒体的广泛报道

中央电视台、新华社、《人民日报》（海外版）先后报道了沙集模式，江苏省、徐州市、睢宁县等地方媒体也多次进行了报道。网络媒体的转载更是形成了热点。"沙集模式"还引起了境外媒体的关注。

以下是媒体报道的部分链接。

CCTV【新闻直播间】东风村：收入三年增几十倍：

http：//v. ku6. com/show/rCALHhdOk1nUGpIo. html

CCTV【新闻纪实】东风村的淘宝之路：

http：//my. tv. sohu. com/u/vw/6152630

CCTV《看见》栏目东风村淘宝记：

http：//bugu. cntv. cn/life/C22433/classpage/video/20110223/100567.
shtml

3 亿元新产业是如何炼成的

http：//v. ku6. com/show/zbE1elyEWwR3H – fi. html

专家："沙集模式"农民致富新选择

http：//v. ku6. com/show/FtTSt0Dg68Y7qykk. html

新华社，之前扛锄头，现在抓鼠标——苏北农村出现农民"网商"

http：//www. sx. xinhuanet. com/newscenter/2010 – 12/31/content_
21767060. htm

《人民日报》海外版，专版报道 2011/1/6：

http：//paper. people. com. cn/rmrbhwb/html/2011 – 01/06/content_
716964. htm

外媒：

中国进行时　全村淘宝、电子商务走进农村

http：//www. 56. com/u73/v_ NTI1NTczNTg. html

另一则：台湾中华电信的 HINIT

http：//times. hinet. net/times/article. do？ newsid = 4470000&option =
mainland

地方报道

1. 电视视频

http：//www. jstv. com/area/xz/xzxwlb/201012/t20101221_ 304137.
shtml

http：//www. suining. tv/vodnews. asp？ Act = public/2010 – 12/21/
cms35180article. shtml

http：//www. suining. tv/vodnews. asp？ Act = public/2010 - 12/20/
cms35166article. shtml

2. 报纸报道

网络时代的农民掌柜们

农村电子商务最新样本：沙集模式，IT 商业新闻网

江苏睢宁 600 多户农民开网店创全国沙集模式，新浪

农村电子商务暨"沙集模式"研讨会召开，中国电子商务研究中心

沙集模式让农民直接和市场对接 http：//sqtg. cnxz. com. cn/pcwb/
html/2010 - 12/19/content_ 494459. htm

农业部/江苏省农业网站报道

http：//zhnw. agri. gov. cn/fwllm/qgxxlb/js/201012/t20101228 _
1798448. htm

沙集，网络时代的"小岗村"

http：//epaper. cnxz. com. cn/xzrb/html/2010 - 12/21/content _
494967. htm

沙集镇农民把信息变财富

http：//www. xyshjj. cn/bz/xyjj/eb/201012/47061. html

关于沙集模式的复制性

大众村书记推动

http：//www. xichu. net/xq/scq/2010/12/2010 - 12 - 23133092. html

另一则

http：//www. sqsc. gov. cn/art/2010/9/29/art_ 27_ 14041. html

远教

http：//71bbs. people. com. cn/viewthread. php？ tid = 269275＆extra =
page％3D2

研讨会前的报道

CCTV 经济频道经济半小时

http：//v. game. sohu. com/v/4/7/82/ODI0OTU3

中国新闻周刊

揭密"淘宝村"：村民忙上网"没空犯罪"

http：//www. tudou. com/programs/view/gR9 – PB7HKbo/

金建杭

http：//www. donews. com/net/201012/320298. shtm

附录一　沙集镇网商调查问卷

沙集镇网店发展状况调查问卷

问卷编号：

您好！

本调查是由中国社科院发起组织的，着眼于农村基层经济组织社会和经济发展状况的系列调查之一。本调查旨在掌握沙集镇网店发展的状况和成功经验。研究成果对政府有关政策的制定与执行有重要影响。调查获得的所有资料仅用于学术研究，不做任何商业应用，不以任何形式传播个人信息和隐私。非常感谢您的支持和参与！

说明：请在您认为符合的答案编号上画"√"或"○"

【个人背景】

1. 您的性别？

A. 男　　B. 女

2. 您的周岁年龄？

A. 18 岁以下　　　　　　　B. 18～30 岁　　　　　　　C. 31～40 岁

D. 41~50 岁   E. 51~60 岁   F. 60 岁以上

3. 您的教育程度?

A. 初中及以下   B. 高中/技校/中专   C. 大专

D. 本科   E. 硕士及以上

4. 您的婚姻状况

A. 未婚   B. 已婚   C. 离异

D. 其他,请注明:_____

【开网店之前的情况】

5. 您在从事网店之前的职业是?

A. 在家务农   B. 在本乡企业工作,从事_____

C. 在外乡企业工作,从事_____

D. 无事可做   E. 其他,请注明:_____

6. 开网店之前,您个人的平均月收入约为?

A. 无收入   B. 1000 元以下   C. 1001~2000 元

D. 2001~3000 元   E. 3001~5000 元   F. 5001~10000 元

G. 1 万~5 万元   H. 10 万元以上

7. 开网店之前,您的家庭平均月收入约为?

A. 无收入   B. 1000 元以下   C. 1001~2000 元

D. 2001~3000 元   E. 3001~5000 元   F. 5001~10000 元

G. 1 万~5 万元   H. 10 万元以上

8. 开网店之前,您的家庭收入来源是?

A. 第一产业收入(农、林、畜、渔)

B. 第二产业收入(工业、建筑业、其他_____)

C. 第三产业收入(运输业、其他服务业_____)

D. 工资性收入(本乡劳动、外地从业)

E. 财产性收入（租金、利息、股息、土地征用补偿金）

F. 转移性收入（家庭非常住人口带回或寄回、亲友馈赠、救灾款、保险年金、救济金、退休金、抚恤金、种粮补贴、良种补贴、农机补贴、农资补贴、其他）

【网店建设初期】

9. 您的网店成立时间是_____年_____月。

10. 您开设网店的主要动机是？

A. 尝试创业　　　　　B. 发财致富

C. 看别人开，跟着学　D. 看好网店的前景

E. 个人兴趣　　　　　F. 希望找到一份可以养家糊口的工作

G. 其他，请注明：_____

11. 开设网店初期，您投入的资金大约_____万元，主要投入方向是：

A. _____，投入_____万元，

B. _____，投入_____万元，

C. _____，投入_____万元。

11 - 1. 以上开店资金的主要来源？

A. 家庭存款　　　　　B. 私人借款

C. 银行/信用社贷款　D. 风险投资　　　　E. 合伙集资

F. 企业投资　　　　　G. 其他_____

12. 开设网店之初，您遇到了哪些困难？（多选）

A. 资金不足　　　　B. 缺少开网店知识　　C. 不会设计网店

D. 与客户打交道难　E. 提高销量难　　　　F. 组织货源难

G. 配送难　　　　　H. 缺少人才

I. 其他，请注明：_____

13. 您是如何解决上述困难的？

_____

【网店运营】

14. 贵网店经营的主要项目是：_____；商品种类有：_____种；当日全部在线商品数大约为：_____个。

15. 2009 年，网店的营业额是_____万元，目前每个月的营业额是_____万元，利润率平均为_____％，今年的销售目标是_____万元。

16. 您是如何获得开网店知识的？（多选）

A. 参加有关培训　　　B. 买相关的指导图书

C. 向其他网商学习　　D. 从实践中摸索出来的

E. 网上搜索有关资料　F. 其他，请注明：_____

17. 网店货源的主要来源方式是什么？（多选）

A. 帮他人代销的　　　B. 找工厂代加工的　　　C. 家里自产的

D. 其他，请注明：_____

18. 您认为开设网店与其他创业方式相比，有什么优势？（多选）

A. 成本低　　　　　　B. 见效快　　　　　　C. 简单易学

D. 有乐趣　　　　　　E. 风险小

F. 可以充分利用现有资源优势

G. 其他，请注明：_____

19. 请问您在目前的网店经营过程中，遇到的最主要困难是什么？（最多选 3 项，并排序）

A. 资金问题　　　　　　B. 产品品种和质量问题

C. 人才问题　　　　　　D. 客户服务问题

E. 经营配套环节不完善　F. 政策支持不足

G. 恶性竞争　　　　　　H. 不知道下一步如何发展

I. 其他，请注明：＿＿＿＿＿＿＿＿＿＿＿＿＿＿＿＿＿＿。

您的排序是：＿＿＿＿＿＿、＿＿＿＿＿＿、＿＿＿＿＿＿

20. 您认为应该如何解决上述困难？

＿＿＿＿＿＿＿＿＿＿＿＿＿＿＿＿＿＿＿＿＿＿＿＿＿＿＿

21. 您的网店雇用员工人数是＿＿＿＿＿名，网店的人员成本每月大致为＿＿＿＿＿万元。

22. 您在哪些岗位雇用了员工？雇用了几名？

A. 客户服务＿＿＿＿＿名　　B. 网站维护＿＿＿＿＿名

C. 营销推广＿＿＿＿＿名　　D. 物流＿＿＿＿＿名

E. 其他，请注明：＿＿＿＿＿＿＿＿＿＿名

23. 网店雇佣员工的来源是？（多选）

A. 本村居民　　　　B. 亲戚朋友　　　　C. 外村居民

D. 没有雇佣他人　　E. 其他，请注明：＿＿＿＿＿

24. 网店在人力资源管理方面所面临的主要问题是？（多选）

A. 缺少人才　　　　B. 人员流动性太大　　C. 员工素质低

D. 员工培训难　　　E. 人员支出压力大

F. 考核和激励员工难　　G. 其他，请注明：＿＿＿＿＿＿＿＿＿

25. 您的网店是否有固定的合作伙伴企业？有几个？关系是否稳定？

● 生产加工厂，数量为：＿＿＿＿＿个，合作关系是否稳定？

A. 是　　　　　　B. 否　　　　　　C. 不好说

● 材料配件厂，数量为：＿＿＿＿＿个，合作关系是否稳定？

A. 是　　　　　　B. 否　　　　　　C. 不好说

● 销售企业，数量为：＿＿＿＿＿个，合作关系是否稳定？

A. 是　　　　　　　B. 否　　　　　　　　C. 不好说

• 培训机构，数量为：_____个，合作关系是否稳定？

A. 是　　　　　　　B. 否　　　　　　　　C. 不好说

• 物流企业，数量为：_____个，合作关系是否稳定？

A. 是　　　　　　　B. 否　　　　　　　　C. 不好说

• 技术支持机构，数量为：_____个，合作关系是否稳定？

A. 是　　　　　　　B. 否　　　　　　　　C. 不好说

• 其他_____，数量为：_____个，合作关系是否稳定？

A. 是　　　　　　　B. 否　　　　　　　　C. 不好说

26. 网店所销售的商品，面临的主要问题是？（多选）

A. 产品质量差　　　B. 生产能力不能保障　C. 产品品种少

D. 没有注册品牌　　E. 品牌知名度低　　　F. 产品创新难

G. 产品没有差异化和特色　　　　　　　　H. 货源不稳定

I. 其他，请注明：_____

27. 请你为村、镇政府对网店的支持打分（最高 10 分，最低 0 分），分数为：_____

打此分数的原因是：_____

【态度】

28. 您认为开网店成功的要素有哪些？（多选）

A. 人脉　　　　　　B. 资金投入　　　　　C. 进货渠道

D. 口碑经营　　　　E. 产品质量　　　　　F. 客户服务

G. 个人努力　　　　I. 熟悉淘宝等电子商务平台规则

J. 产品适合网购　　M. 其他，请注明：_____

29. 您认为哪些环境方面的因素推动了当地的网店发展？（多选）

A. 全村的规模效益　　　　B. 淘宝等电子商务平台提供了机会

C. 产品生产的灵活化　　　D. 网购用户群增大

E. 物流和支付更便捷　　　F. 政府支持

G. 其他，请注明：_____

30. 您认为开网店对您的生活产生了哪些影响？（多选）

A. 解决自己的就业　　　　B. 实现了个人价值

C. 生活水平显著提高　　　D. 更加充实、幸福

E. 多交朋友　　　　　　　F. 熟悉网店运营

G. 事业上有成就感　　　　H. 其他，请注明：_____

31. 您认为开网店会对村民有何不良影响？

A. 噪声和垃圾导致环境恶劣　　B. 做农活的人少了

C. 网店竞争激烈了　　　　　　D. 邻里关系不和睦了

E. 村里安全隐患增多了（治安、火灾等）

F. 没有任何影响　　　　G. 其他，请注明：_____

32. 您如何看待同村其他网店的竞争？

• 有竞争是好事，因为：

A. 可以提升服务　　　　B. 可以降低加工成本

C. 可以形成规模优势　　D. 可以交流信息和订单

E. 可以互相学习　　　　F. 其他，请注明：_____

• 有竞争是坏事，因为：

A. 压低了销售价格　　　B. 销量下降

C. 个别网店搞坏了信誉　D. 招不到人才

E. 其他，请注明：_____

• 无所谓

【需求、建议】

33. 请问您下一步有何打算？（网店、用户、推广、产品、管理等

方面）

_____

34. 请对您的网店未来发展前途打分（最高 10 分，最低 0 分），分
数为：_____

打此分数的原因是：_____

35. 您认为在农村发展电子商务，还应该获得哪些资源和支持？

- 针对村镇政府 _____
- 针对淘宝网等电子商务服务平台 _____
- 针对基础设施建设 _____
- 针对国家政策 _____
- 其他 _____

附录二 "沙集模式"高层论坛
研讨会发言摘编

（根据会议录音整理）

张晓山

首先简单介绍一下，就是中国社会科学院和研讨会是什么关系，我简单说一下，感谢县委县政府给社会科学院的调研提供宝贵的机会，根据社科院的统一部署，2006年开始实施国情调研项目，我们安排了三个大的长期调研项目，它们分别是中国企业调研、中国乡镇调研和中国村庄调研。

村庄调研第一期选择三所村庄作为调研对象，时间是2006~2009年，第二期是2010年在第一期的基础上又选择三所村庄。这次村庄调查由我国东西部不同类型，经济社会发展各有差异的村庄作为调查对象，通过问卷调查、深度访谈、查阅资料等调查方法，来详细反映村庄生产、经济运行和农民生活的基本状况和体制的变化。

调研的目的一方面是为更加深入地进行中国农村研究积累资料，另一方面旨在真实深刻地反映30多年来中国农村经济社会深刻的变化和遗留的问题，为国家制定科学的农村发展战略决策提供更有效的方法。每一个村庄调查包括两个部分，一部分叫规定性调查，另一部分叫自选性调查。规定性调查指的是各个课题组必须进行的基础性调查，这是今后的村庄调查进行比较研究建立共享数据库的基础性工作。自选性调查指的是各个课题组从自身的研究性质出发，在基础性调查之外进行的村庄专题调查。

简单讲一些体会，实际上是看一些材料的体会。情况是否属实要下午去做实地调研才能验证。对"沙集模式"的研究非常有意义，对国家制定科学的农村发展战略决策具有重要的参考价值。"沙集模式"实际上是发挥了一个没有地界，甚至没有国界的网络市场在配置资源当中所起的积极性作用。实现了当地产业结构的调整、相关产业的发展，以及资源的优化配置。另外，"沙集模式"也是一个跨越式发展的范例。它不是走传统的工业化再到信息化的道路，而是先信息化，然后再工业化，这对我们后发地区的发展有很多启迪。最后，感触最深的就是，改革开放以来，所有的创新都是发源于基层，起源于草根，"沙集模式"也不例外。所以中国的改革和发展要靠基层的创新来开路，最后形成上下联动的改革与发展战略。因此，"沙集模式"将为我们提供有利的启迪。

村庄调研是国情调研的一部分，而且在村庄调研的过程中，我们也考虑物色一些有代表性的村庄建立长远的合作关系，使它们成为中国社科院的调研基地。沙集也可以考虑和社科院建立合作关系，社科院会安排驻地调研，跟踪式调查，不断研究沙集模式的发展。

聂林海

睢宁有着悠久的历史和灿烂的文化，名人辈出，现中央委员，原国务院政策研究室主任，国家行政学院党委书记魏礼群就是我们睢宁人。

今天，非常高兴来到这座历史名镇，参加农村电子商务暨"沙集模式"高层研讨会，我首先代表商务部信息化司，对今天研讨会表示衷心祝贺，同时感谢中国社科院信息化研究中心，阿里巴巴集团研究中心，睢宁县委县政府为我们创造了这么好的机会。

中国是农业大国，农产品资源丰富，品种繁多，分布广泛，农产品产值在全国国内生产总值中一直占有很大的比重，但是随着市场经济的不断发展，农产品的生产能力和商品化程度不断提高，农业生产中的问题也日益凸显。

由于农产品市场流通体系薄弱，农产品流通不畅已经成为当前阻碍农业和农村经济健康发展、影响农民增收乃至农村稳定的重要因素。农产品难卖，其实质就是我国农业生产分散式经营与大市场、大流通不相适应的矛盾。生产的不知道哪里需要，需要的不知道哪里生产。即使联系上，农民也因为获取市场信息的途径少、能力低、掌握的信息不对称而缺乏定价权，生产出好产品却卖不上好价钱，甚至卖不出去，这些情况在一些地区已经严重影响到农民的生产积极性，成为部分农民的致贫原因。

农业、农村、农民问题，是我国经济发展、社会发展全局的基础，也是国家发展战略中的重中之重。党中央、国务院始终高度重视，认真对待，着力解决"三农"问题。自2004年以来，党中央连续下发了7个"1号文件"，十一届三中全会做出了《推进农村改革发展若干重大问题的决定》，最近召开的中央经济工作会议，又推出了新形势下的"三农"工作的新定位，即完善强农惠农政策，增加涉农补贴规模，加快发展现代农业。可见，党中央坚持把解决好"三农"问题作为全党工作的重中之重。

为了解决"三农"问题，中央各部门、社会团体、企业、事业、科研机构、领导专家、企业家等，纷纷献计献策，出资出力，寄希望于农村信息化，寄希望于通过信息化的手段，填平数字鸿沟，缩小城乡差距。于是，铺宽带，送电脑，办培训，开网站，可谓是全面开花。目前已有涉农网站1万多家，涉农电子商务网站3000多家。但与此一派热闹非凡场面相比，农村似乎是另一种景象，农民并没有什么热情，对此我们深思，农村信息化到底该怎么搞？

近年来，通过商务部农村商务信息服务工作实践，让我们悟出了一些想法，我们认为，"三农"问题，关键在农民，要搞好农村信息化，要让信息化在农村取得成效关键同样在农民。农村信息化在农民身上起作用体现在六个字上：能用，会用，想用。

商务部2006年启动农村商务信息服务工程，2008年在全国20个省各选一个县进行试点，开通了20个县级服务平台，建立了1400多个基层信息服务站点。几年来，新农村网上累计发布信息1200多万条，累计访问量超过40亿人次，日均访问量达到390多万人次。通过网上购销对接服务，促成农产品销售1600多万吨，成交金额超过500亿元。

一、有效缓解因信息不畅造成的农产品卖难问题。

2009年年初，海南辣椒大量上市，因广东、广西市场对海南辣椒需求量降低，导致辣椒价格大幅下跌，不少椒农忍痛将大量滞销辣椒白白扔掉。新农村商网为此开展专场购销对接服务，有效缓解了卖难问题。如，塔扬镇辣椒种植大户陈万能，通过新农村商网，销售近千吨辣椒，不仅将自己的辣椒全部卖出，还帮助本村及邻村的乡亲将滞销的辣椒卖出去了。

二、培养了一批利用信息化手段发家致富的新型农民。

商务信息服务不仅帮助农民解决了一时卖难，同时也提高了农民对信息化增收致富的认识。不少农民学会利用互联网寻找商机，成为当地带头致富的新型农民。如，湖南华容陈亮最初在深圳打工，2008

年受金融危机影响回乡创业，做起了农产品贸易。通过参加秋季对接会，销售红薯 5500 吨。2010 年冬季对接会，陈亮销售红薯粉丝、淀粉，获利 920 万元。牵头组建的蔬菜专业合作社，已有成员 100 多户，拥有无公害种植基地 1680 多亩，带领周边 21 个村的农户走上了增收致富路。

三、促进了订单农业的发展，引导农民按照市场需求生产。

通过信息对接服务，不但把农民已经生产出来的产品卖了出去，一些商户有时还会和农民签订下一季生产的订单，甚至建立起较稳定的产销关系。

四、培养了农民的品牌意识，带动特色农业发展。

通过网络购销对接实践，农民切身体会到：优质特色产品不仅容易找到销路，还能卖出好价钱。农民开始培育自己的品牌，带动了当地特色农业发展。如，河南虞城 2000 年就培育出世界上独有的中华红叶杨，销路却一直不好。通过参加网上购销对接会，注册"中华红叶杨"商标，现在年培育红叶杨 600 多万株，远销新、日、韩等国。年销售收入已经超过 2 亿元，形成了公司加农户带动种植业发展的局面。被誉为"柠檬之乡"的四川安岳。柠檬产品通过新农村商网，扩大销路后，在有关部门的支持下，注册了"瑞峰"商标，取得了贸易进出口权，柠檬的市场竞争力大为提高。在秋季对接会上，安岳成功销售柠檬 7700 多吨，每公斤单价提高 1 元。

五、在社会上引起了积极反响，深受广大农民欢迎

中央电视台《新闻联播》多次报道了工程实施情况。《决策者说》《晚间新闻》《致富经》等栏目还深入基层进行专访、制作专题节目。《人民日报》、《经济日报》、《农民日报》、新华社、新浪网等 200 多家媒体先后多次报道新农村商网取得的成效。先后收到锦旗 110 多面，

感谢电话 23000 多个。内蒙古巴彦淖尔农民张毅敏说：包产到户给农民带来了第一个春天，"两免一补"给农民带来了第二个春天，网络购销对接服务给农民带来了第三个春天。

回良玉副总理批示：商务部此事抓得很好，成效显著，体现了城市和农村统筹兼顾，是工作思路、方式、方法的调整。农村商务信息服务，帮助农民获得了市场信息，引导农民进入大市场，获得参与定价的权利，培养了农民的信息意识和市场意识，为搞活农村流通，拉动内需扩大消费发挥了积极作用，是培育农村电子商务市场的有益探索和尝试。

今天，我们研讨的"沙集模式"是农民利用信息化手段增收致富的又一新途径。沙集模式的特点，是"网络 + 公司 + 农户"。其中，农户是主体，公司是基础，网络是龙头。具体说，家庭经营的农户是发挥主导作用的主体，实体公司是农村产业化的基础，而电子商务平台所代表的互联网是带动农村产业化的引领力量。沙集模式是信息化带动工业化，工业化促进信息化的现代化道路在农村的具体体现。

"沙集模式"根本解决了农民因信息不对称没有定价权的问题，改变了以往"公司 + 农户"中公司与农民争利，农民被公司牵着鼻子走的被动局面，实现了农民权益的最大化。在沙集镇，生产什么，生产多少，不是公司说了算，而是农民说了算，农民可以决定什么样的公司应该建立和存在。因为网络赋予农民订单的控制权。农民在自己家里安台电脑，一个人就可以直接从全球、全国获得订单。订单在手，公司招之即来，挥之即去。整个产业链围绕农民手中的订单来决定建什么厂，生产什么产品，提供什么服务，农、工、商一体化的主动权，就自然转移到了农户手中。有了这个主动权，农民的创造力和积极性得到了极大的发挥。"沙集模式"的成功，再次说明，农村信息化应用关键是农民。

沙集的电子商务，尽管呈现出一派繁荣景象，但毕竟还是初步的、不完善的，我们的政府部门、专家学者，需要及时总结、认真研讨，引导其健康、有序、快速发展。

下一步我们将加强与发改委、工信部、农业部等部门合作，积极营造电子商务发展环境，共同推进电子商务法规体系和信用、支付、物流等支撑体系建设；开展电子商务示范试点，推进城乡、企业电子商务应用，大力培育农村电子商务市场，总结推广电子商务致富案例，引导农民按照市场需求进行生产和经营，让更多的农民学会利用信息化手段创业经营，增收致富。

最后，预祝今天研讨会圆满成功！谢谢大家！

吴秀媛

前不久，农业部信息中心和其他部门联合举办了"2010信息化与现代农业博览会"，今天我们又齐聚在这里共同探讨农村电子商务的理念、模式、机制等，我相信这对推动农业信息化服务发展创新，提高信息服务化水平，加快现代农业的发展具有重要的意义。

作为农业工作者很高兴看到大家关注"三农"、关注"三农"的服务、关注农民收入的提高。这次来睢宁参加会议，是因为对"三农"的感情，是来学习的，是来跟各界交流，是带着许多问题来的，我希望在这里能够寻找到答案。比如说，目前农村电子商务、农产品电子商务甚至于说农业电子商务都有了尝试性发展，但是我认为他们都还处于起步阶段，还有很多共性和个性的问题需要我们探讨和研究，这也是这次会议召开的目的之一。

关于农产品、农民、农业电子商务概念的界定及其相互之间的关系，政府与企业应承担什么责任，扮演什么角色，都是我们关注的问题，还有电子商务消费理念的引导，诚信建设，客服关系管理，信息安全，安全保障等都需要我们不断地研究。农产品具有鲜活、易腐等特性，所以农产品电子商务也有其自身的规律，如何加强对农产品电子商务自身运行机制、规律和特性的研究，加强对农产品需求的电子商务标准，农产品运输的监管方法的研究，帮助农业生产者提高对电子商务的认识，快速掌握电子商务技术，是我们关注和研究的，也希望大家关注和研究。还有，还希望大家关注和研究农产品电子商务与转变农业生产方式的关系。因为农业部要在"十二五"农业发展的规划中，把促进农业农产品电子商务的快速稳定发展，作为推进农村经济信息化的重要内容。为此，一方面我们要发展农产品电子商务，促进现代农业体系的建设，逐步建立公开、透明、自由的农产品市场，促进农产品的顺畅销售，努力减少农产品的价格波动，确保市场的稳定。另一方面我们要通过更多、更完善的电子商务平台，在这里，我想说，我们的淘宝网在睢宁得到了更充分的应用，所以我希望有更多的农民能够应用更多、更完善的商务平台，我们也希望一头链接农业生产者，农业专用合作社，产业化龙头企业，另一头紧密联系批发商、经销商和最终的消费者，努力为农民的收入做出贡献。作为农业信息化的推进部门，2009年农业部启动了鲜活农产品全程电子商务模式的试点示范项目。

项目的目的之一是发现、扶持、支持、推广全国有特色的成型的、成功的、正在探索的电子商务模式。同时，我们自己也正在建立一个新型农产品的产销模式，交易的试点。这是我们建设农产品电子商务体系的一个探索，同时也是我们的一个目标。

试点的建设主要包括这几方面的内容：一、建设全国通用的农产品电子商务平台，二、建立连锁销售，三、建立第三方服务企业为中介衔接产销，四、用经济手段更大程度上发挥合作社的作用，五、充分发挥批发市场的积极参考作用，六、政府搭建平台提供支持和指导。

合作社会关注并支持沙集这种模式，将会制定相应的管理办法和法规，通过电子商务手段，实现农产品从生产流通到销售的全程管理，有效管理农产品的质量，确保农产品的质量安全。

安筱鹏

2010年是"十一五"收官之年，也是制定"十二五"规划的关键一年。刚刚结束的十七届五中全会，明确了我国未来五年国民经济和社会发展的方向。关于信息化，五中全会明确提出，推进信息化与工业化深度融合，全面提升经济社会各领域信息化水平。经过多年发展，我们欣喜地看到，信息技术在国民经济和社会各领域的扩散和积累正在经历从量变到质变，从局部到整体，从技术变革到组织变迁，从效率提高到发展转型。信息化正不断催生出新的生产方式，新的交易方式，新的组织形态，新的竞争格局，新的发展模式。中国的信息化已站在一个新的起点上，正迈向全面渗透、深化集成、转型提升的新阶段。

很长一段时间以来，我们一直在探索如何走中国特色的信息化道路，在今天这一关键的时间节点上，我们寻找和探索信息化转型升级的方向显得更为迫切和必要。从这个意义上来讲，来自中央部门（组织部门、团中央）、中央政府（发改委、商务部、工信部）、企业的领导和专家会聚一起，研究、探讨信息化背景下沙集农村现代化问题，我个人理解，我们所关心和思考的，不仅是沙集电子商务发展的问题，不仅是沙集农业现代化问题，而是中国农业的现代化问题，中国特色的信息化道路问题。我们需要探索中国信息化的发展方向。

在中国近 20 年的有组织、大规模推进信息化的实践中，我们可以清晰地看到，中国的信息化发展一直遵循寻找最佳实践——开展试点示范——全面推广普及的思路。我们欣喜地看到，在农业信息化的道路上，在农村现代化的实践中，沙集的发展模式正在成为一个引领中国农村、农业现代化的新模式。我个人觉得，这一实践的现实意义在于三个方面：

一是，它在探索中国农业发展转型升级的方向。1978 年以来，家庭联产责任制等一系列改革的重大举措促进了中国农业的跨越式发展，但是应当看到，中国农业发展的一个最基本的矛盾没有解决，那就是，个体化、分散化的小农生产组织方式与大规模市场化需求之间的矛盾。发达国家农业生产已经实现了高度集约化、规模化、产业化，而中国的农村生产组织方式仍然是个体化、分散化。如何破解农业生产的发展难题，我们可以从沙集模式找到农业发展的方向。电子商务、信息化正成为一种力量，一种把个体农民组织成新型农村合作组织的力量，一种把分散化的农业生产资源整合成现代农业生产体系的力量，一种把农业生产与市场需求无限拉近的力量。

二是，它在探索中国工业生产组织方式的新模式。信息化对于工业不仅仅是生产效率的提高，不仅仅是企业竞争力的提升。在更深的层次上，信息化重构了工业生产的价值链，提升了工业产品的交易效率，创新了工业产品的交付形态，重整工业企业的业务边界，形成了工业生产的新模式。如果我们仔细观察沙集的发展模式，我们会看到这种信息化引发的工业生产方式变革的某些影子。尽管它是初步的、原始的，非体系化，但代表了网络时代草根创新迸发出的强大的生命力，它代表了先进生产力的发展方向，代表了一种新的生产组织形态。

三是，它在探索中国农村现代化的新思路。我一直在思考一个问题，农村和城市的本质区别是什么，中国农民与美国农民的本质区别是什么，我个人觉得，在于分工的层次和水平不同。美国的农民并不是我们传统意义上的农民，而是农业产业工人。我们在沙集所看到的乡村工业重新崛起，事实上是产业分工的不断裂变，是社会分工细化的重要表现，它正在拓宽我们农村现代化发展的思路。我们已经看到，农业产业化及农村工业的发展正在带来农村面貌的巨大变化，从某种意义上来看，这种变化才刚刚开始。当前，电子商务正在整合和重构整个工业生产体系，沙集的发展引发了生产资源的重新配置，当生产资源和要素重新在农村集结的时候，当在城市的打工者重新回到了农村的时候，当许多现代物流公司进驻到农村的时候，当大型银行的资金从城市重新回流到农村的时候，我们需要重新审视中国的城市化道路，我们要思考信息化背景下中国农村现代化、多元化的发展道路，中国城市化、多样化的发展模式。

毋庸置疑，沙集的发展仍面临许多挑战，它需要良好的虚拟与实体经济良性互动的生态环境，它还需要从个体经济到现代公司化的组织变革，它需要从产业链低端向高端的跃升，它需要实现农村工业布局和基础设施建设，从自发建设到有序规划的跨越，这种探索才刚刚开始。

我想，今天我们围绕农村电子商务的讨论、交流和探索才刚刚开始。我希望，借这样一个平台，我们能够汇集各方面的智慧和资源，让沙集的星星之火，在中国的大地上形成燎原之势。希望多年之后，当我们回顾中国的信息化发展道路，回顾中国农业现代化道路的时候，能够记得沙集模式，能够记得这次会议。工信部一直把农业农村信息化、电子商务作为信息化发展的重要领域，出台了农业农村信息化三年行动规划，并把农村电子商务作为支持发展的重要方向，工信部将一如既往支持电子商务发展，支持沙集模式的推广普及。

祝大会取得圆满成功。

龚怀进

这次研讨会召开在 2010 年即将结束 2011 年马上到来的关键时期，召开这个会议意义重大。刚才各位嘉宾对农村电子商务的发展，对沙集模式的意义做了充分的精辟的阐述，我非常赞同。江苏对中小企业信息化的发展非常重视，对农村信息化发展也非常重视，所以这几年江苏中小企业电子商务，农村信息化都取得了成功。沙集模式是江苏农村信息化当中的典型范例，所以今天大家坐在一起研讨，我觉得非常受益。刚才各位领导专家阐述得非常透彻。

在这次研讨会上，第一要充分认识新一代电子信息技术，对整个经济社会带来的机遇。大家知道信息技术的存在性、渗透性非常强，它在整个经济和社会中无时不在，所以，下一代的信息技术的发展，会使我们整个经济社会的发展发生新的变化。新型技术的应用会给我们的生产方式、服务方式，包括我们的盈利方式带来革命性的变化，也会给我们生活的形态带来影响。新的发展时期，尤其是"十二五"这个时期，应该说是信息技术下一步发展的关键时期。我们要充分认识信息技术对整个经济社会生活带来的革命性影响。

第二要充分发挥沙集模式在农村信息化，在农村经济发展转型当中的典型示范作用。沙集模式是对中国传统农业社会，对中国传统农村经济的一个创新，要充分认识其意义，充分发挥它的作用。

第三要充分融合各方面的力量。信息化是全社会力量凝聚的结果，作为江苏信息化的主管部门，我们十分感谢我们国家的各个部门对江苏长期以来的关心和支持，我也十分感谢我们各市各地的企业在发展当中形成的许多新经验和新成果。要围绕我们共同的目标为我们新农村的建设，为我们新农村经济的发展，为我们整个社会的转型服务。要以研讨会为基础，睢宁要抓住机遇，加快发展信息化，加快我们江苏经济社会的转型。

梁春晓

其实中国十多年来电子商务的发展历史就是一个草根创造，自下而上不断发展的历程。我们现在看到的沙集很像十多年前的杭州，杭州能够成为电子商务之都，成为现在全世界电子商务发展最好的地方，其实就是一个自下而上的草根创业过程。如果当时没有浙江政府对小企业的重视，根本就没有现在的阿里巴巴，所以说，我们如何尊重，如何保护那些看起来很小的草根创造力，实际上是决定未来发展的关键，电子商务就是在这样一个草根创造的环境下发展起来的。2008 年电子商务进入大规模发展时期，今年的电子商务交易额会在 4000 亿元左右，2008 年网上的消费者大概有 1 个亿，每年都在发展，现在光是淘宝上的消费者就达 3 个亿，可以看出过去几年的发展规模非常大。但是我依然想跟大家分享的是，目前和未来的 5 年相比可能只是十分之一，我们有个预测，到 2015 年，单就网上零售这一项，我们的网上消费者可能会超过 5 个亿，网上交易额可能会超过 2 万亿元，到那个时候商品零售的比例至少是 6%，相当于美国现在的水平，所以总体来说，未来 5 年我们还有 10 倍的成长空间。

电子商务发展到今天，我想它已经具备了为农村的经济发展提供动力和借鉴的时候，实际上在沙集，在全国的很多地方我们都能看到这样的例子，我相信到 2011 年的时候我们会有一个很好的事例，为农村的发展提供一个很好的借鉴，这就是我想和大家分享的。第二个观点就是，大规模发展的电子商务正在为农村的发展提供新的动力和借鉴。第三点，分享一下我对沙集模式的感受，我是第二次到沙集，第一次来就感觉到很震撼，尽管每天都在做电子商务，现在看到电子商务为农村发挥实实在在的作用，你不亲眼目睹是感受不到的。我要讲的几个感受：第一，草根创造；第二，巨大市场；第三，自然生长。

沙集模式跟其他健康发展的电子商务一样，最初的动力就是草根创造。自下而上开创出，我们任意一条按照任意一种规划的引导和指导都不能形成的竞争优势。第二个就是，把草根创造的精神、力量和做法跟一个巨大市场联系在一起，而互联网、电子商务和淘宝提供了这样一个巨大市场，引爆了隐藏在农民身上的草根能量。沙集体现最重要的两个要素，一是年轻人的创造力。二是和互联网这样的大市场结合起来就产生一种巨变。谈到的第三点自然生长，实际上从开始的"三剑客"到后来纯粹的网商，从生产和销售到引来了物流公司，引来了服务商、电脑供应商等形成一个产业链，我相信这个产业链将会越来越多。这种自然生长的力量是很强大的，要尊重它、爱护它、保护它、帮助它，是这种自然生长的力量不断地把沙集带到一个更高的高度，也让沙集的模式能够走向全国，带动更多的农村、农民和农业基地不断发展。这个过程当中我们始终充当服务者的角色，所以我到沙集来，很大的一个出发点就是"看"。作为阿里巴巴的客户，作为阿里巴巴的服务对象，我们沙集网商的发展过程中需要我们做什么，这是我重点考虑的。我们也希望跟沙集的网商，睢宁的网商，跟睢宁的政府领导们一起把沙集已经开始发展的电子商务做得更好，和专家领导一起把这件事情在更大范围之内做好，也让电子商务为农村的发展发挥越来越大的作用。

姜奇平

在这里我首先要说四个词。第一个词是"学习"。现在还不是下结论的时候，第一步是要调查研究学习，当然不是说向我们专家学习，我们要向孙寒等网商学习。我也非常期待去看一看，我记得和黄浩书记、孙寒一起吃饭的时候，我有很多的疑问，弄得黄浩书记好像是我在审问他一样，我说不是。我就是要看看你们经不经得起最严格的考察，所以今天我还是带着这样一种心态来的。

第二个词叫作"尊重"。尊重我们这些草根自发形成的经验，在"一号文件"马上出台的背景下讨论沙集模式我觉得有特别的意义，我们如何解决"三农"问题，首先要有一个概念，要尊重亿万人民群众的伟大创造。

第三个词是"思考"。为什么长期以来农民在小生产大社会的对接过程中始终处于被动地位？为什么这种情况在沙集模式中发生逆转？农民本应处于弱势地位，他们为什么会变强？我认为这主要是因为农民和先进生产力结合在一起，也就是说，我们现在是如何搞现代化的农业。现代化的带动力量是我们事业前进的基础，我们看到沙集模式是农民自觉地和最先进的生产力结合在一起，这样就彻底扭转了自己的弱势，并且带动了传统农业的发展。

第四个词是"推动"。政府、社会、学者和媒体在这一模式中起到什么作用，我认为是推动事业往前发展的作用，也就是说把人民群众的伟大创造作为我们的推动力量来解决问题。当然我不认为推动是主导，党领导人民群众进行伟大创造不等于我们进行主导，我们是领导，我们要解决的是阳光和雨露的问题，要解决东方红太阳升里的"阳光"，春天的故事提供的是"雨露"，最后我们会给亿万人民提供一片沃土然后使他们能够得到健康的成长。

如果把这些问题都解决了，我想我们做事情可以说就是一件实事。

汪向东

我想用有限的时间集中讨论一下沙集模式的问题。主要有两种套路，一种是自上而下，另外一种是自下而上的发展模式。前者一般指政府领导的、国家投资的、公办的、机构运营的这样一个平台。自下而上的呢，能够看到真正发生在草根身上，是市场的牵引，那么很显然，沙集模式就是后者。

我们在想能不能把这两类结合起来，这是非常值得研究的大课题。前面刚刚放了一段视频，里面谈到的几种都是草根自发的，各有各的特点。相比起来，我觉得沙集的发展更难一点，它完全是从一个信息化引领发展起来的。沙集模式起步时候，就像中国几千年来都有的那样，就是平凡的木工作坊，这样一个产业基础哪里都有，但是沙集开始就瞄准了中国的大市场，要解决的是分田到户以后农民的小生产如何对接这样一个大市场，所以说这和其他地区根本不能相比的。

所以我们看沙集模式是非常有特点的，它的核心就是"农户＋网络＋公司"。农户自发地利用市场化的电子商务平台变成网商直接对接销售，网销快速地复制带动制造业，带动其他配套产业，市场的各个要素不断地跟进，这样就生成了一个新的市场形态，这个市场形态反过来又促进网商的发展，这样滚动式发展带动本地经济社会，而且带动人的发展，这是非常了不起的。

沙集的农户不再是面朝黄土背朝天那样的农民了，他们是创造型的有知识的，不是那种面对大市场十分茫然手足无措的农民了。这种弱势的小生产者，成为直接通过对接市场的网商。沙集网商做这些事不让国家投入一分钱，自己投入成本，由于有网络平台的存在，网商投入的也不算高，成效却非常显著。

现在沙集模式展现的公司是为网商服务的，是为网商提供支持的公司。

从农户到网络体现了农户的自发性、主导性；从网络到公司彰显了信息化带动工业化；从公司到农户体现了为谁服务，谁在这个过程中占主导地位。这个逻辑关系不断地滚动循环，真的是代表了信息网络时代农民新的致富道路。

附录三 中国社科院信息化
研究中心简介

一 中心的基本情况

中国社会科学院信息化研究中心（CIS），是在其主要研究人员长期从事信息化研究的基础上，于 2002 年 3 月经中国社会科学院正式批准成立的。

为探索与社会合作研究的新机制，中心采取了"官、产、学"相结合的开放的组织结构，它是在全国企业信息化工作领导小组办公室的指导和联和运通投资公司的初期资助下、依托中国社科院，形成的一个跨政府、企业与学术界的、不代表任何一个特殊群体利益的、中立和非营利的研究平台。

中心的宗旨，是贯彻落实国家"以信息化带动工业化"的战略方针，通过进一步加强政府、企业、学术界和社会各界的相互交流和合作研究，共同推进中国信息化的进程。

本中心是中国社科院的一个院级中心，由中国社科院数量经济与技术经济研究所代管。

二　中心的研究工作

中心研究工作，主要覆盖信息产业与网络经济，开展企业信息化与电子商务、电子政务，以及参与国家信息化战略与政策研究。近年，中心承担并完成的重要研究项目包括：受国家发改委、国信办、信息产业部三部委正式委托牵头组织编写《中国中小企业信息化发展报告》，原国信办委托的"信息化与和谐社会建设""信息化与区域经济发展"，国家知识产权总局委托的"信息产业技术标准与专利关系研究""专利的技术经济学研究"，中国社科院 A 类重大课题"电子政务的行政生态学理论、方法与策略研究"、企业信息化状况跟踪调研、《中国电子商务发展报告（2004、2005、2006、2007、2008、2009）》《电子商务发展测评指标研究》与《大中型企业电子商务统计调查指标课题》、与国脉互联合作每年一度开展特色政府网站测评、政府网站国际化测评并主办政府网站建设高层论坛，开展了"我国电子政务实施与应用调查""互联网文化发展状况调查""网民权利调查""农村电子商务调查"等；"三网融合相关规制政策""电子政务相关法律法规""蓝海战略""数字内容产业发展""信息资源外泄及治理对策"系列课题、新商业文明、"信息化与国民素质"等课题研究，参与了《国家 2006 ~ 2020年信息化战略》的起草以及政府许多部门多项政策法规研究制定和咨询过程，参与了国家"'十二五'信息化发展规划思路研究"等。

三　中心的合作与互联网文化
发展状况调查研究交流

配合以上研究工作，中心成员积极参与政府各部门相关的研讨和交流，为国家信息化发展提供智力支持。这些部门主要包括国办、国信办、信息产业部/工信部、国资委、科技部、商务部等，内容涉及信息化战略、电子政务、电子商务与企业信息化、ICT 产品加工贸易、信息资源、"三网融合"、知识产权、信息安全等。中心还与一些省市的信息办和行业信息化机构保持多方面联系，参与他们的一些研讨和交流活动。

中心已与重庆邮电大学联合成立的"国家信息安全应用基地"已正式挂牌，与南京邮电大学联合成立了"信息化应用基地"。中心与中国信息协会、中国信息经济学会、中国电子商务协会、企业家亚布力论坛秘书处、中国中小企业信息化推进联盟秘书处保持密切联系，与信息产业界的技术提供商、互联网公司、电信运营商、投资公司合作，开展调查研究和承担他们委托的课题，与中国电信上海研究院、CECA 国家信息化测评中心、阿里巴巴集团研究中心、北京国脉互联、互联网实验室等相关机构，有密切的合作关系。

中心通过邀请国外专家学者、组织和参与国际学术活动等方式，积极开展信息化方面的国际交流。近年来，中心的主要成员先后出访中国香港、瑞典、阿根廷、美国、日本等相关机构，就共同关心的问题和相互合作进行交流。

四　中心的教学培训

在中国社科院内部教学工作方面，中心核心成员承担了研究生院"信息化概论""企业信息化与电子商务""信息化测评"等专业课程，承担了有关教材和教参的编写工作。作为导师，中心研究人员还先后指导博士后、博士生、硕士生完成了"电信发展对国民经济影响定量分析""信息安全新技术的技术经济研究""企业信息化动力机制研究""企业信息化测评方法研究""信息化地区差异聚类实证分析""业务流程重组（BPR）在国有企业信息化中的应用""企业信息化中 CIO 领导力的提升和角色转变""电子政务发展综合评价指标研究""信息通信技术与经济增长""信息技术与中西方管理思想的融合""C2C 电子商务赢利模式"和"移动电子商务"等课题。

在中国社科院外部，中心核心成员多次参与有关方面组织的信息化教学与培训工作。主要包括：作为国办秘书局特聘教授，参与国务院办公厅面向全国政府办公厅系统政务信息化轮训项目（2006～2009）的培训工作；在中国科学院研究生院，承担"信息化与企业信息化"系列讲座；参与北京大学光华管理学院常设的 CIO 培训项目的信息化讲座等。

此外，中心的研究人员还经常参加中央和地方政府部门举办的各种信息化培训活动，有选择地参加一些非政府组织和企业组织的培训活动。

五 中心的组织情况

研究中心不占有中国社科院的人员编制。

中心由前任全国企业信息化工作领导小组办公室刘力主任、联和运通董事长张树新和中国社科院数技经所所长汪同三研究员任联合理事长。

研究中心主任由中国社科院数技经所汪向东担任，姜奇平任副主任兼秘书长，叶秀敏、周红任主任助理。经常担任中心研究任务的人员，除了有一批长期与中心合作的专家学者外，还有中心主要成员指导的硕士生、博士生、博士后。此外，中心经常根据具体课题的需要，定期地外请研究人员参与课题研究。

中心还从国内外聘请了 15 位信息化领域的知名学者、国家主管部门的官员、著名的企业家和投资人担任高级顾问。